Brunhild Seeler-Herzog

Fiesta im Schnee der Mandelblüten

Mallorquinische Sonnenseiten

Brunhild Seeler-Herzog

Fiesta im Schnee der Mandelblüten

Mallorquinische Sonnenseiten

Picus Lesereisen

Picus Verlag Wien

Für Susanne

Grafische Gestaltung: Dorothea Löcker, Wien
Umschlagabbildung: Corbis
Druck und Verarbeitung:
Druckerei Remaprint, Wien
ISBN 3-85452-777-2

Informationen über das aktuelle Programm
des Picus Verlags und Veranstaltungen unter
www.picus.at

Inhalt

Ein Königreich im Meer

Mit der Fähre nach Mallorca

Wenn man ohne Auto kam, verabschiedete man sich immer mit Toilettenpapier. Und zwar so: Alle, die an der Pier blieben, behielten das eine Ende der Rolle in der Hand. Die Passagiere spulten sie auf ihrem Weg zum Schiff ab und schließlich bildeten Hunderte von weißen Toilettenpapierbändern die letzte Verbindung zwischen den Winkenden auf dem Festland und den Winkenden auf dem Schiff. Die Pier ist aus Sicherheitsgründen nicht mehr zugänglich, aber Volksfeststimmung herrscht immer noch, wenn in Barcelona die Fährschiffe auslaufen, nach Mallorca und Menorca und Eivissa. Umarmungen, Schulterklopfen, tränenfeuchte Augen.

Auf dem Weg von Mallorca nach »Europa«, so sagen selbst jüngere Mallorquiner immer noch zu allem, was jenseits der Pyrenäen liegt, hatten wir nach Barcelona eine sonnengelbe Fähre genommen. Da rumpelten vor allem Lastwagen in den Laderaum und Lieferwagen und Kombiautos, Letztere mit Fahrrädern am Heck und mit Kanus auf dem Dach. Eine kleine Gruppe Studenten störte der quakende Fernseher im Ruheraum ebenfalls, doch im Speiseraum konnte man bis zum Essen ungestört arbeiten, also machten wir es uns gleich da gemütlich. Er hatte den Charme eines gutbürgerlichen Wohnzimmers; mittags stellte der

Kellner eiskalten Rotwein, Sprudel und Wasser auf jeden Tisch, Essen holte man sich am Buffet; das Ganze war familiär und jedenfalls richtig »schiffig«.

Von »Europa« zurück gen Mayurqa musste es die mittelmeergrünblau gestrichene Superfähre sein, eine Kreuzfahrt en miniature. Da kommen als Fußvolk gepiercte Hippies mit Schlafsack, abgearbeitete Männer mit Kunstlederköfferchen, Matronen mit sämtlichen Enkeln, Liebespaare im Designer-Outfit, mallorquinische Schulklassen und deutsche Rentner, die samt Bus gen Mallorca verfrachtet werden und ganz erstaunt sind, dass an Bord so gar kein Deutsch gesprochen wird. Die Fahrer von Lastwagen, Reisebussen und nordeuropäischer Metallicgrau-S-Klasse sieht man erst später; sie müssen ihre Gefährte unten im Kängurubauch verstauen. Unerfahrene finden dann die guten Plätze schon belegt vor, doch die Kapitäne der Landstraßen kennen sich aus, und die Fahrer der besseren Wagenklassen werden von aufmerksamen Stewards sowieso gleich in der Lobby in Empfang genommen und zu ihren Kabinen begleitet. Das immer wieder faszinierende Einschiffen, das Gewusel im Fährhafen, die Geruchsmischung aus Hafenwasser und Diesel, die aufgeheizte Garagenluft, das Brummen der Maschinen und das Rauschen der Lüftung, das ist sowieso für alle ziemlich gleich. Die Passagenpreise nicht.

Utopia, Robinson- oder Schatzinsel – Inseln sind Verheißungen des Glücks, in ihrer Abgeschlossenheit Verkörperung des Paradieses. Die Kehrseite des isolierten Paradieses kann manchmal die Logistik sein. Warum wir denn Verspätung haben, frage ich den Barmann auf dem Oberdeck, wo noch fast kein Mensch ist. Dabei liegt die Antwort klar auf der Hand oder, besser, steht in Form von langen Autoschlangen unten an der Pier. »Ja«, sagt er und öffnet sorgfältig eine Flasche, »das ist so: Wir lieben die Mallorquiner, und damit es ihnen auch wirklich an nichts mangelt, stehen unten noch viele, viele Lastwagen, die an Bord müssen, um den Mallorquinern die vielen, vielen Dinge zu bringen, die sie brauchen.« »Manchmal sind Verspätungen auch gut«, setzte er dann noch sibyllinisch hinzu. Er scheint überhaupt ein Philosoph zu sein, der Barmann, derzeit König eines nahezu leeren Reiches: ein Ambiente in Weiß und Blau unter einer Plexiglaskuppel, die sich natürlich öffnen lässt – Liegestühle, Korbsessel, Pflanzen, vierarmige Kandelaber, Pool, Jacuzzi, in das jeder wie unter Zwang im Vorbeigehen, die Wassertemperatur prüfend, die Hand hält. Backpacker mit Machu-Picchu-Mützen machen es sich samt Schlafsack in den Liegestühlen bequem, Nachtlager kann man hier nicht bauen, erfahren sie vom Kellner, in etwa zwei Stunden wird geschlossen. Sie suchen sich friedlich ein anderes Plätzchen, irgendwo an Deck. In die Superfähre passen 330 Fahrzeuge, in der älteren Canguro-Serie, die auch noch im Dienst ist, waren es nur 250. Wie viele mögen wohl schon im Schiff sein?

Andererseits – wenn das wirklich so ist mit den vielen Lastwagen für die Mallorquiner, bleibt Zeit für eine Entdeckungstour vor dem Auslaufen: Aufenthaltsräume in Rot oder Grün gehalten, rotsamtiger Salon mit Bar, man kann sich in der Disco oder bei Einarmigen Banditen austoben, das derart gewonnene Geld im Bordshop wieder für das ausgeben, was alle Shops so auf Lager haben: Perlenketten, T-Shirts, Seidentücher, Parfum. Man kann es sich auch im Kinosaal bequem machen, sofern man das dem richtigen Leben da draußen wirklich vorzieht. Dort platschen gerade Taue ins Wasser und Matrosen mit dicken Handschuhen holen sie über dicke Winschen auf das Arbeitsdeck. Unter den anlaufenden Schiffsschrauben vibriert der Boden stärker, die Maschinen stampfen nachdrücklicher. Kolumbus auf dem Sockel deutet eigentlich in die falsche Richtung; vorbei geht es an Containerschiffen, Barkassen und Schleppern, und die Kräne schauen uns nach wie überdimensionierte Giraffen. Zwischen zwei ungetümen Eisentürmen spannt sich quer über das Hafenbecken eine Kabelbahn. Einer der beiden Türme gleitet gerade vorbei. »Jaume I.« steht in großen Buchstaben darauf zu lesen.

Jaume I.: Mit ihm begann die neuere Geschichte Mallorcas. Und diese Geschichte ist nicht tot für die Mallorquiner; jedes Jahr wird gefeiert, dass er Mayurqa im Jahre 1229 von den Arabern eroberte, die es nach den Phöniziern, Römern, Vandalen und Byzantinern über dreihundert Jahre lang besessen hatten. Mit Jaumes Eroberung identifizieren wohl die meisten Mallorquiner ihre Kultur. Die Insel war schon damals ein Paradies. Die Mauren hatten einen blühenden Garten aus ihr gemacht, Terrassenbau und Bewässerung waren perfektioniert, es gab Zitronen, Orangen und Oliven. Aber mit ihren ständigen Seeräubereien störten die *moros* empfindlich den Handel Kataloniens. Also beschlossen am Heiligabend 1228 König Jaume I., die Bischöfe von Barcelona und Tarragona, der

Tempelritterorden, der Adel und die reiche Kaufmannschaft aus Katalonien, dem Roussillon und der Provence, die Insel zu erobern. Es heißt sogar, ein reicher Kaufmann aus Tarragona habe den König bereits vorher zu einem Festessen geladen und ihn mit Spezialitäten aus Mallorca regelrecht gefüttert, um ihn für dieses Vorhaben zu begeistern. Eher abgefüttert werden alle, die nun im kühlfunktionellen Selbstbedienungsrestaurant der Superfähre das Abendbuffet umlagern. Ein Festessen mit mallorquinischen Spezialitäten ist es weniger. Aber wer es anders möchte, kann auch ein Deck höher zu Abend speisen, königlich à la carte, mit Damast und mit befrackten Kellnern.

Jaumes Mutter stammte aus Montpellier. In der Kartause von Valldemossa gibt es weit mehr als die vermeintlichen Zellen von Frédéric Chopin und George Sand zu bewundern, unter anderem ein Elfenbeintriptychon, so zart ziseliert, als hätten Feenhände es geschaffen. Es stellt die Hochzeit von Jaumes Eltern, Marie de Montpellier und Pedro II. von Aragon, dar. Doch die frömmste Ehefrau kann nicht in Frieden leben, wenn es dem bösen Ehemann nicht gefällt. Der wollte sie um das ihr zustehende eheliche Hab und Gut bringen. Das ließ sich schon damals recht einfach bewerkstelligen, indem man die Frau kurzerhand verstieß, und als Marie vom Papst endlich ihr Recht bekam, verstarb sie drei Monate später und der Bösewicht von Ehemann fiel in der berühmten Schlacht von Muret, als er den Albigensern gegen Simon de Montforts Kreuzfahrer beistehen wollte. So wurde Jaume, eine der interessantesten Persönlichkeiten der spanischen Geschichte, mit elf Jahren König eines aus Aragon, Katalonien, dem Roussillon, der Provence und Montpellier bestehenden Reiches. Er war gerade zwanzig Jahre alt, als er in einem fürchterlichen Gemetzel die Araber auf Mallorca besiegte. Später hat er auch noch die Mauren aus dem Königreich Valencia und aus Murcia verjagt; als er 1276 starb, zählte sein Reich zu den bedeutendsten im Mittelmeerraum. Am Ende seiner Regierungszeit machte er allerdings einen folgenschweren Fehler. Er teilte sein Reich auf. Der ältere Sohn Pere bekam das Königreich Aragon mit Katalonien und Valencia, ein zusammenhängendes Gebiet; der jüngere Jaume wurde Rex Majoricarum, Comes Rossilionis et Ceretaniae, Dominus Montispessulani, ein Patchwork aus den Grafschaften Roussillon, Conflent, Vallespir, Collioure sowie der Herrschaft Montpellier. Von Montpellier, Perpignan und *Ciutat* (katalanisch für Palma) aus regierte Jaume II. dann wechselweise sein »Königreich im Meer« von 1276 bis 1311. Doch Streit kam auch in dieser besten Familie vor, ein Streit, der den letzten König von Mallorca 1349 den Kopf und Mallorca seine Autonomie kostete, die es erst 1983 zurückgewann.

Dabei hatte alles so harmonisch begonnen. Jaumes Erziehung war vorzüglich, kein Geringerer als Ramon Llull, der große Philosoph und Missionar, war über Jahre hinweg in Palma sein Page und in Montpellier später sein Berater. Als Jaume II. am 4. Oktober 1275 in der Kirche Saint-Jean-le-Vieux zu Perpignan (in der sich 1211 der Heilige Franziskus von Assisi und der Heilige Dominik trafen) die »schönste Prinzessin ihrer Zeit«, Esclaramonde de Foix, heiratete, schien das Glück vollkommen. Sogar Muntanyes del Canigó soll erklungen sein, gewissermaßen die Nummer eins in der damaligen Hitparade. Noch heute kein Schulkind zwischen Perpignan und Mallorca, das nicht diese Weise zu Ehren jenes 2800 Meter hohen Berges lernte, der jeden Spanienreisenden zwischen Narbonne und der Grenze selbst im Sommer mit seiner Schneemütze grüßt. Jaumes Bruder Pere, den der Neid zerfraß, weil er Jaumes Königreich auch noch besitzen wollte, gilt als Erstbesteiger des Bergmassivs. Ob er das »Vitalfluidum« auf dem Canigó spürte, das Patrick Süskind in seinem Roman »Das Parfum« über siebenhundert Jahre später beschrieb, ist nicht verbürgt. Er will dort aber einen See gefunden und einen Drachen getötet haben. Ganz bestimmt aber hat er beinahe seinen Bruder samt Familie getötet. Kurz vor seinem Gipfelsturm, um die Osterzeit, hatte er ihn in dessen Schloss in Perpignan überfallen und seine schwangere Frau und ihre vier Kinder verschleppen lassen. Jaume konnte zwar flüchten, aber diese Flucht muss ihm gestunken haben, es gab nämlich nur einen Geheimweg aus dem Schloss, und der führte durch die Abwasserrinne. Der Papst musste intervenieren, damit Jaume halbwegs in Ruhe regieren konnte, doch die Aragonesen gaben keine Ruhe. Der Sohn des Schurken Pere, Alfons, zog gen Mallorca, belagerte die Burg Alaró und machte die ihrem König Jaume II. ergebenen Kommandanten Cabrit und Bassa zu Märtyrern, indem er sie lebendigen Leibes rösten ließ.

Dennoch erblühte das Königreich Mallorca, erlebte ein Wirtschaftswunder unter der Herrschaft Jaumes II. und seines Sohnes Sanç. Eine geradezu fieberhaften Bauwut war ausgebrochen; zwischen 1272 und 1343 entstanden Paläste und Schlösser in Perpignan, Montpellier, Collioure und Palma. Das Palais des Rois de Majorque in Perpignan, heute als stilvoller Rahmen für kulturelle Veranstaltungen genutzt, war 1272 unter König Jaume I. begonnen und 1340 beendet worden; als Vorbild diente der soeben zur Residenz umgebaute Almudaina-Palast von Palma, dessen Torre de l'Angel Baumeister Ponç Descoll reparierte. Er baute 1283 auch das Tor und die Türme des Judenviertels von Perpignan und war 1309 wiederum mit Bauarbeiten am Schloss Bellver beauftragt. Baumeister Jaume Fabre reiste zwischen Mallorca und Barcelona hin und her und gestaltete vermutlich die Krypta der Kathedrale von Barcelona, aber auch das Kirchenschiff von Girona und den Chor der Kathedrale von Narbonne. In Perpignan und Palma entstehen die Kirchen der Franziskaner und Dominikaner, die auch in Collioure bauen. Mudéjar-Elemente wurden mit gotischer Finesse kombiniert; Kunsthistoriker – und nicht nur sie – geraten ins Schwärmen, wenn sie von der weltoffenen und internationalen Atmosphäre sprechen, die damals auf der Insel und im Roussillon herrschte.

Sanç I. (1311–1324) hielt sich am liebsten in Perpignan und in Collioure auf, dort heiratete er 1304 seine Frau Maria von Neapel. In Collioure tobt die Brandung gegen die Felsen und die Pyrenäenkette versinkt im Mittelmeer. Grellbunte Bötchen dümpeln vor sich hin, hier stapeln sich Terrassen, Wehrbauten und, über alledem, das Schloss der mallorquinischen Könige. Vom Saal ihrer Sommerresidenz konnten sie auf den Handelshafen des

Roussillon hinunterschauen, von dort wurden die begehrten Tuche aus Perpignan exportiert. In seinem Schloss in Perpignan, nicht in Palma, entwarf Sanç das Wappen Mallorcas, das die Schiffe der Insel künftig von denen Aragons unterscheiden helfen sollte, und in der Kirche Saint Jean von Perpignan wurde er beigesetzt. Seine Ehe blieb kinderlos und schon gab es bei den Aragonesen neue Gelüste, die allerdings vom Papst in die Schranken gewiesen wurden. Sanç' Neffe bestieg als Jaume III. den Thron und heiratete vorsichtshalber die Schwester seines Widersachers.

Doch selbst das half wenig. Pere IV. besetzte Mallorca, ließ Jaume schließlich nur noch Montpellier, das der in höchster Not an Frankreich verkaufte, um mit dem Geld eine Armee zur Rückeroberung seines Königreichs zu finanzieren. In der Entscheidungsschlacht 1349 bei Llucmayor unterlagen seine Truppen. Ihm wurde der Kopf abgeschlagen, seine Frau und seine Kinder auf Schloss Bellver gefangen gehalten. Der Traum vom Königreich Mallorca war ausgeträumt.

Habe ich geträumt? Habe ich nicht Geigentöne gehört? Aber ich sehe keinen Spieler. Etwas verwirrt gehe ich zu dem Philosophen am Bartresen. Geigentöne? Er lächelt und holt ein grünes Blatt hervor. Einfach ein Blatt von einem Baum. Und beginnt darauf ganz leise zu spielen – Geigentöne. Offenbar ein glücklicher Mensch, der so, aus einem Nichts, zu zaubern vermag. Hier oben wird geschlossen; ich bin der letzte Gast. Ab in den Schlafsessel, zum Weiterträumen, bis aus dem frühmorgendlichen Glast verwischte Konturen hervortreten. Die Nordküste beginnt sich schemenhaft abzuzeichnen, das *Regne dins la Mar*, das Königreich im Meer, erhebt sich aus den Fluten. *Sa Roqueta*, der kleine Felsen, wie die Bewohner ihre Insel nennen, macht einem zunächst noch blauen Dunst vor. Doch allmählich schälen sich, eine nach der anderen, steil ins Meer stürzende Flanken heraus. Backpacker krabbeln aus den Schlafsäcken, am Oberdeck promenieren Hunde mit ihren Besitzern. Es riecht nach Kaffee und nach Spiegelei mit Speck. Wir stampfen weiter; die Dragonera, scheinbar noch Teil der majestätischen Nordküste, hebt sich ab, wird zur Insel vor der Insel, eine träge Riesenechse, die im Morgenlicht badet. Die Überfahrt ist ruhig gewesen und damit hatten wir mehr Glück als Jaume der Eroberer. Der war mit seinen 150 Nussschalen in einen solch verheerenden Sturm geraten, dass er ein Gelübde ablegte. Wenn man das heil überstehe, so schwor er, wolle er der Jungfrau Maria die schönste Kirche bauen, die je ein Menschenauge geschaut hat. Ein Gelübde als Grundstein der Kathedrale.

Vor Sant Elm ist jetzt das fast nackte Felseninselchen Pantaleu auszumachen. Dort hat er mit einigen Getreuen sein erstes Dankgebet für die glückliche Ankunft gesprochen, vielleicht den Reisealtar aufgestellt und auch die Marienskulptur mit dem feinen Antlitz, die heute Palmas älteste Kirche, Sant Miquel, ziert. Auf Pantaleu hat der Maurenjunge Ali, dessen Mutter Wahrsagerin war, ihm die Botschaft eines guten Gelingens seiner Mission überbracht. Jedenfalls erzählt König Jaume dies in seinem »Llibre dels feyts«; er gehört zu den wenigen Herrschern, die eine Autobiografie verfassten.

Im fernen Hafen von Andratx bohren sich unzählige Masten in den Himmel, und die Mola, der Prominentenhügel, sieht vom Meer her wirklich wie ein Backenzahn aus. Auf Mallorca wird man nicht so schnell alt, weil man so viele schöne Dinge sieht, hat Pedro Otzoup, der verstorbene Stararchitekt einer vergangenen Generation, mal gesagt. Er hat dort oben viele Häuser gebaut. Die Bojen der Fischer mit ihren roten Wimpeln schaukeln im Wasser. Strände und Buchten ziehen vorüber. Santa Ponça mit einer großen Bucht und einigen großen Bausünden. Dort gingen die Eroberer am 12. September 1229 an Land, ein Ereignis, das heute noch in Santa Ponça gefeiert wird; die Abwandlung von Räuber und Gendarm à la Mallorquina heißt *Moros i Cristians.* Der verheerende Sturm, der inbrünstig betende Jaume, seine Mitstreiter, die sich am Mast festklammern, und ein Maurenjunge, der sich sicherheitshalber hinter einem Baum versteckt, das sind Reliefszenen des monumentalen Siegeskreuzes, das Thronprätendent Don Jaime de Borbón anlässlich des siebenhundertsten Jahrestags der Landung auf dem Felssporn sa Caleta hoch über Santa Ponça einweihte.

Der Himmel wird zum rosa Aquarell, das die hellgrauen Felsen ebenfalls rosa färbt, die leeren, langen Strände erholen sich, bevor der nächste Ansturm einsetzt. Doch selbst hier, kurz vor Palma, gibt es kleine Buchten mit türkisem Wasser, die sogar mittags nicht stark besucht sind, für viele zu umständlich zu erreichen. Hochhäuser, Pinien, Feriensiedlungen.

Die nächste Bucht weitet sich. Palma liegt vor uns wie ein geöffnetes Geschichtsbuch. Die Türme von Portopí und Paraires grüßen, früher hat man gegen nächtliche Angriffe eine Kette zwischen beide gespannt. Hier liefen vom 14. bis zum 16. Jahrhundert Schiffe mit Zucker und Baumwolle, Häuten, Metallen und Sklaven ein und mit Feigen, Honig, Wein und Öl beladen wieder aus. Seit Ende des 13. Jahrhunderts wies der Leuchtturm, der drittälteste Europas, den Seeleuten den Weg. Er musste damals offenbar so oft als Zielscheibe für übermütige Jugendliche herhalten, dass 1385 ein Dekret vonnöten war: Wer erwischt wurde und unter zwölf Jahre alt war, stand einen Tag am Pranger, war er älter als zwölf, verlor er die rechte Hand, wer sich nachts an dem Turm zu schaffen machte, kam an den Galgen.

Schloss Bellver, um 1300 unter Jaume II. begonnen, thront, sich seiner Schönheit offenbar bewusst, auf einem pinienbestandenen Hügel; es ist die einzige kreisrunde Schlossanlage ganz Spaniens; ein »Schloss der Philosophie« wegen der sich wiederholenden Kreiselemente, denn es ist gut möglich, dass der Mystiker Ramon Llull, Jaumes Lehrer und Ratgeber, das Werk inspirierte. Medina Mayurqa sei die schönste Stadt, die er je gesehen habe, schrieb Jaume der Eroberer. Sein Reisealtar ist in der Sakristei der Kathedrale zu bewundern. Sohn Jaume II. trieb ab 1300 die Bauarbeiten am Gotteshaus voran. Er und Jaume III. sind in der Dreifaltigkeitskapelle bestattet. Sie weist architektonische Übereinstimmungen mit den Apsiskapellen von Perpignan und auch Bereichen der Almudaina auf; vermutlich war wiederum Ponç Descoll der Baumeister. Den arabischen Almudaina-Palast ließ Jaume II. umgestalten, viele Male noch wurde er seitdem restauriert und verändert; der zauberhafte Artesonado-Plafond und die arabischen Bäder sind jedoch erhalten. Jaume II. hat auch den Engel für den höchsten Turm der Anlage in Auftrag gegeben. Mehr als siebenhundert Jahre wachte Erzengel Gabriel über Mallorcas Hauptstadt und wies einlaufenden Schiffen den Weg. Heute muss man ihn zunächst etwas suchen zwischen all den Häusern und den ebenfalls hoch in den Himmel ragenden Masten von Hunderten und Aberhunderten von Luxusyachten. Engel sollten eigentlich nicht wetterwendisch sein, doch dieser dreht nach wie vor seine Flügel nach dem Wind. Vielleicht weil Antoni Campredon, bei dem Jaume II. ihn in Auftrag gegeben hatte, aus dem windzerzausten Perpignan stammt. In fünfzig Tagen war der Engel fertig; die Flügel aus Schwarzpappelholz und alles mit Kupfer verbrämt. Campredon mietete zwei Maulesel, einen für den Engel, einen für sich, und zog zur Königsresidenz von Sineu, um sein Werk dem König zu präsentieren. Der segnete den Engel ab, im Februar 1309 hievte man ihn auf den Turm und Campredon kehrte über Collioure nach Perpignan zurück.

Bewacht vom Engel konnte Jaume III. in der Almudaina im Jahr 1337 die Palatinischen Gesetze, das erste europäische Hofzeremoniell, austüfteln. Es wurde richtungweisend für das Protokoll aller europäischer Fürsten- und Kaiserhöfe und ist teilweise heute noch gültig. Zwar hat Pere IV. Kopien stehlen und aus dem Lateinischen übersetzen lassen, um sie als seine eigenen Version auszugeben. Er hat das Zeremoniell sogar so buchstabengetreu befolgt, dass es ihm den Beinahmen »El Ceremonioso« eintrug. Doch Jaumes Urheberschaft steht fest.

Ciutat, die goldene Stadt. Die Verspätung der Fähre war gut, im wahren Sinne des Wortes eine schöne Bescherung, ein Fanal, denn nun beleuchtet die Morgensonne die Burg Bellver, den Almudaina-Palast und die Kathedrale, bringt den ohnehin warmen Sandstein zu einem aprikosengelben Glühen, das vielhundertfach aus allen Fenstern der Stadt zurückzustrahlen scheint. *Bon dia*, Mallorca.

Teufel, Scheiterhaufen und unanständige Lieder

Wenn die Platanenblätter von sa Pobla an aufsteigender Hitze leiden

Der Teufel hockt auf dem Rathausdach und baumelt mit den Beinen. Er ist überlebensgroß und natürlich feuerrot. Dass er von Weihnachtsbeleuchtung umrahmt ist, stört ihn nicht weiter. Schließlich heißt es sogar im Refrain eines der bekanntesten Weihnachtslieder hier *fum fum fum* – was so viel bedeutet wie Rauch, Rauch und nochmals Rauch. Und den wird es nachher weidlich geben. Wohlwollend schaut er auf die vielen Kinder auf der *plaça* hinunter, denn die gehen heute nicht zur Schule, weil sie lieber lernen wollen richtige Teufel zu werden. Sie tragen Teufelshörner aus Plastik auf dem Kopf und die blinken um die Wette mit der Warnleuchte des Autos vor dem Rathaus mit der Aufschrift »Pirotécnica«. Das Auto der Feuerwerkstechniker ist heute Vormittag wohl das Einzige, das es – mit Polizeieskorte – bis in die Innenstadt geschafft hat. Mit meinem eigenen Auto bin ich im wahrsten Sinne stecken geblieben, der Versuch, ins Zentrum zu gelangen, ohnehin wider besseres Wissen unternommen, führte mich in ein Labyrinth. Dabei hatten die Schilder an den Straßensperren deutlich genug gewarnt: »Straße gesperrt! Scheiterhaufen.«

Scheiterhaufen? Scheiterhaufen. Etwa 170 an

der Zahl, Baumscheite fast so hoch wie Scheunentore, halbe Bäume, Wurzelwerk, übermannshoch aufgetürmt, etwa drei Meter im Durchmesser, stehen mitten auf den engen Straßen und warten darauf, in einigen Stunden gegen die Dunkelheit und gegen die Januarkälte anzulodern, sich schließlich zu glühend-bizarren Gebilden zu krümmen und, später, zu Glut heruntergebrannt, noch als gigantische Barbecues zu dienen, wenn es für fünfzigtausend Besucher, einschließlich der Regierungsmannschaft der Balearen, und die elftausend Einwohner von sa Pobla heiß hergeht, weil hier die *fiesta de las fiestas* steigt. Ganz Mallorca huldigt dem heiligen Antonius. Im kleinsten Dorf ebenso wie in *Ciutat* defilieren am 17. Januar die Hamster und die Meerschweinchen, die Kanarienvögel und die Katzen durch die Straßen, und gut situierte Damen führen auch schon mal den zur Frisur gestylten Pudel zur Segnung. Natürlich sind auch Nutztiere mit von der Partie. Pere, der Schäfer, zieht mit einer Schäfchenwolke durch die Gassen und Toni führt ein schwarzes Schwein an der Leine spazieren. Es grunzt zufrieden, als der Pater es mit Weihwasser besprengt. Hat nicht, bitte sehr, der heilige Antonius ein schwächliches Ferkel geheilt, das seitdem nicht mehr von seiner Seite wich und dadurch zum Symbol des Heiligen wurde?

Der heilige Antonius, 251 nach Christus in Heraklea in Ägypten geboren, verteilte mit zwanzig Jahren seinen Besitz an Bedürftige und lebte betend und fastend in der Libyschen Wüste. Er starb am 17. Januar 356. Für die *poblers,* die Bewohner von sa Pobla, beginnt das Jahr nicht am 1., sondern am 16. Januar. Längst haben Nachbarschaftsvereine

Garagen leer geräumt, Stühle und Tische hineinbugsiert und zusammengeschoben, um irgendwann gegen Mitternacht hier an langer Tafel – eben – zu tafeln: Huhn und Kaninchen, die inseltypischen Bauernwürste *botifarró, sobrassada* und *llonganissa,* alles über der Glut des Scheiterhaufens vor der Tür gegrillt, und dann natürlich *espinagades,* Teigtaschen. Für die ist sa Pobla weit über seine Gemeindegrenzen hinaus berühmt. Man nehme: Mehl, Wasser und Olivenöl für den Teig; Spinat, Mangold, Erbsen, Zwiebeln, Paprikapulver und Aal für die Füllung, und das ergibt dann *un buen festival de colesterol,* wie eine Lokalzeitung fröhlich verkündet. Etwa 32.000 *espinagades,* schätzt der Bürgermeister, werden im Jahr in sa Pobla gebacken. Sieben Tonnen Aale stopft man in sie hinein. Die kommen aus der Albufera, dem nahen Feuchtgebiet, bekannt als Vogelparadies. Dass ein Teil des ungesunden Sumpflandes vor 150 Jahren trockengelegt wurde, bescherte der Gegend ihren Wohlstand sogar ohne Zutun des Tourismus: Hier hobeln 55 Schreiner, hämmern 20 Schmiede, sind 35 Prozent der Bevölkerung in der Landwirtschaft tätig. Mehr als dreihundert Familien bestellen etwa fünftausend Hektar Land und können dreimal im Jahr ernten – Kartoffeln, Erdbeeren, neuerdings auch Blumen. Da sie die Arbeit allein nicht schaffen, haben sie *moros* importiert. Wenn man so will genau die, die König Jaume der Eroberer am 31. Dezember 1229 hinauskomplimentiert hatte. Nun sind sie wieder da, bilden zehn Prozent der Bevölkerung und haben sogar eine eigene Moschee bekommen. Aber heute Nachmittag stehen auch sie im Kirchhof und schauen interessiert zu, wie die *poblers* ihre Kirche schmücken. Die Girlanden und Palmzweige kontrastieren zu den klobigen, fast fensterlosen Mauern der Wehrkirche, in der die verschreckte Bevölkerung sich früher sammeln konnte, wenn wieder mal der Ruf ertönte: »Moros a terra!«

Doch heute sind die *dimonis*, die Dämonen, die Schreckgestalten. Bisher trollten sie eher ziellos im Städtchen umher, nachher aber werden sie, vom Oberteufel angeführt, die Honoratioren der Stadt auf ihrem Gang zur Messe bis zur Kirche begleiten. Hinein dürfen sie natürlich nicht, aber sie fühlen sich ohnehin am Scheiterhaufen wohler, von dem selbst mitten im Kirchhof ein besonders prachtvolles Exemplar steht. Seit 1300 besitzt sa Pobla das Stadtrecht. Seit 1365 feiert man, wie die Chronik berichtet, »Sant Antoni amb foguerons i ximbombers, amb menjar i vi i bulla« (Sankt Antonius mit Scheiterhaufen, Rummeltopf, mit Essen und Wein und *bulla*). *Bulla*, Tohuwabohu, gab es mit schöner Regelmäßigkeit auch am Ende der feierlichen Messe am 16. Januar. Der auf den Schrei »Visca Sant Antoni!«, er lebe hoch, folgende Tumult nervte einen Pfarrer schließlich dermaßen, dass er den immerhin seit 1643 dokumentierten Ruf im Jahre 1927 verbot. Dabei war das ein berechtigter Siegesschrei. Die *poblers* hatten nämlich im 17. Jahrhundert einen jahrelangen Rechtsstreit gegen die Antoniter gewonnen, die ihnen ihren Antoni streitig machen wollten. Grund genug, den Heiligen in seiner Kirche hochleben zu lassen. Neuerdings macht das sogar ein eigens bestellter Schauspieler. Überhaupt soll die *festa* wieder ganz geschichtstreu werden. Sie bekam sogar ihr eigenes Museum in sa Pobla. Im alten Bahnhof, auf dass sie nicht aufs Abstellgleis gerate und man »die Freudenfeuer in zweihundert Jahren nur noch im Computer sehen kann«.

Feuer, so heißt es, habe der heilige Antonius angezündet, um sich gegen die Versuchung – den Teufel in Frauengestalt und seine Helfer, die Dämonen – zu schützen. Er lief über die Glut, um durch den Schmerz die Lust zu besiegen. *Sant Antoni i el dimoni.* Das ist der Kampf zwischen Feuer und Dämon, zwischen Gut und Böse, Licht und Finsternis. Das ist die Wiedergeburt der Sonne nach der Wintersonnwende. Das ist die Hoffnung auf Fruchtbarkeit und gute Ernte, Grundvoraussetzungen für eine Gemeinde wie sa Pobla, die von der Landwirtschaft lebt.

Die Messe ist vorüber, die Menge drängt zur *plaça*. Die Stadtkapelle spielt auf, die *dimonis* tanzen, den heiligen Antonius stellt ein Mitglied der Antonius-Bruderschaft dar. Um besser sehen zu können, haben Dutzende von Unverzagten ein Baugerüst bis zum zweiten Stock hinauf erklommen. Wo steht geschrieben, dass das Gerüst so viele Menschen trägt? Wie so häufig hierzulande muss die Frage andersherum lauten: Wo steht geschrieben, dass es nicht so viele Menschen trägt? Dass obendrein die Flammen eines nahen Scheiterhaufens bis zur Höhe des ersten Stockwerks hinaufschlagen, stört niemanden. Inzwischen geht nichts mehr, zwischen die Menschen in der Menge auf der *plaça* passt keine Postkarte. Die Blätter, die die Winterwinde nicht von den Platanen gepustet haben, zittern. Nicht vor Kälte, sondern weil sie an aufsteigender Hitze leiden. An ihren Stämmen haben die Pyrotechniker jeweils Ringe angebracht, aus denen Flammen züngeln. Die waren bei Einbruch der Dunkelheit per Knopfdruck alle auf einmal gezündet worden. Jäh verstummt die Musik. Die *dimonis* hören auf zu tanzen. Die Beleuchtung erlischt. Es ist stockfinster. Es ist totenstill. Und dann: Höllendonnergetöse. Dem Teufel auf dem Rathausdach fliegen die Feuerwerkskörper um die Ohren, zischen und krachen in den Nachthimmel und schlagen ihre bunt sprühenden Feuerräder. Das Rathaus steht in Flammen. Sie züngeln am Dach und an den Fenstern, aus denen dichter roter Qualm wabert. Es stinkt teuflisch nach Schwefel. Etwa zwanzig Minuten dauert der Feuerzauber, unterlegt mit dramatischer Musik. Die Dramaturgie ist perfekt; sie steht einem »son et lumière« in Frankreich kaum nach. Rauch macht durstig; die Bars werden gestürmt.

Durch die Stadt brummt ein rhythmisches dumpfes Stakkato. Die *ximbomba,* der Rummelpott, wird hingebungsvoll bearbeitet. Ihr Resonanzkasten ist aus grobem Ton, der mit einer Schweinshaut mit einem kleinen Loch bespannt ist. Durch dieses wird rhythmisch ein Stab geführt, der ständig aus einer Wasserflasche in der Hand nachgefeuchtet werden muss. Kinder und Jugendliche im Anorak, Frauen im Wintermantel, die Haare onduliert, Männer mit Baskenmütze – mehr als vierhundert *ximbombers* geben die ganze Nacht hindurch neben den Scheiterhaufen, in den Straßen, an der *plaça* ihre Stegreiflieder zum Besten. Dabei geht es um Segnung der Tiere, Holzholen, Versteigerung des Schweins und um all das, was nicht druckreif ist. Näselnde Stimmen, Halb-, ja

Vierteltöne – fast glaubte man sich nach Arabien versetzt. Die *moros,* die zuhören, müssen Heimweh bekommen. Gegen Mitternacht ist endlich die Glut so weit; die Grillfete kann beginnen. *Bon profit,* Sant Antoni sei Dank.

Langköpfe, Kurzköpfe und Dickköpfe

Der Sprachenstreit – die unendliche Geschichte

Was hat der *caganer*, der kleine Kacker, in einer Weihnachtskrippe zu suchen? »Überhaupt nichts«, versichert Romà Pinya Homs, Professor für Rechtsgeschichte an der Universität der Balearen. »Jedenfalls nicht in einer mallorquinischen.« Und er spricht sich dabei weniger gegen die für Katalonien typische Krippenfigur aus, einen hockenden Hirten, der unübersehbar sein Geschäft verrichtet, sondern gegen die Tatsache, dass diese in immer mehr Krippen Mallorcas zu finden ist. »Diese Figur gehört einzig und allein nach Katalonien. Und dort versteckt man sie eher hinter einem Hügel oder einem Baum. Aber wir müssen ja zeigen, dass wir die Musterknaben Kataloniens sind. Deswegen stellen wir den *caganer* möglichst dicht an den Stall von Bethlehem, damit man ihn auch ja sieht. Bald werden wir nicht mehr unsere *boleros* und *jotas* tanzen, sondern *sardanas*, und das besser als die Katalanen.«

Der kleine Kacker aus Katalonien – Symbol des ewigen Sprachenstreits, der hiesige Zankapfel par excellence: Will man hier völlig unabhängig sein (von Spanien!)? Oder fühlt man sich Spanien zugehörig, will man weiterhin wie eh und je ganz selbstverständlich zweisprachig bleiben und Spanisch (*castellano*) und Mallorquinisch sprechen? Oder aber will man sich von den Katalanen als Teil der »Països Catalans« vereinnahmen lassen und normalisiertes, also standardisiertes Katalanisch sprechen? Die Bemühungen der »Direcció General de Política Lingüística« zur Verbreitung des *català* selbst unter Ausländern sind rührend: Da werden am Strand an die verdutzten Touristen Postkarten mit einigen katalanischen Worten verteilt, die sie, so der Vorschlag, doch gewissermaßen en passant lernen könnten. Oder, noch besser, es gibt gratis gleich ein ganzes *Català*-Büchlein. Titel: »Jeden Tag einen neuen Satz, 365 alltägliche Sätze auf Katalanisch.« Na, prima. Am 26. Juni des Jahres kann ich nach dessen Lektüre im Restaurant oder in der Boutique endlich erleichtert sagen: »Es ist billig. Es ist sehr billig. Es ist zu billig.« Und am 5. Dezember (ausgerechnet so kurz vor Weihnachten) mahnt man mich: »Has de portar el cotxe a la revisió.« – Und die unglückliche Übersetzung lautet: »Du musst das Auto zur Durchsicht bringen.«

Mit meinem Auto war alles o. k. bei der »Durchsicht«; nur bei mir haperte es dann mit derselbigen. Denn entgegen allen Bestimmungen, nach denen auch das *castellano* hier noch seine Daseinsberechtigung hat, schrieb der TÜV mir einen Brief auf *català*. Um den zu entziffern, reichen meine Kenntnisse auch nach dem 349. Satz des Büchleins – »Das Verfallsdatum dieser Waffeln ist schon überschritten« – nicht aus. Ich schreibe einen netten Brief, bitte um den Text in Spanisch. Bekomme die Übersetzung handgetippt mit einer ebenfalls netten Entschuldigung zurück. Das ist nur eine der Absonderlichkeiten der hiesigen »sprachlichen Normalisierung«. Wenn man auf Spanisch, da des Katalanischen nicht mächtig, beim zuständigen

Ministerium den Antrag auf Befreiung vom Katalanisch-Unterricht für die Tochter stellt (damals für höchstens drei Jahre möglich), dann bekommt man nach einiger Zeit und eingehender Prüfung den behördlichen Bescheid, der Antrag sei genehmigt, die Schülerin vom *català* befreit – der Brief natürlich auf Katalanisch abgefasst. Freunde, gebildete, sonst völlig normale Katalanen aus Barcelona, fragen, kaum dass wir sechs Monate hier wohnen: »Und Susannchen, die spricht nun doch sicher schon gut Katalanisch?« Ob Susannchen (damals neun Jahre alt) Freunde hat, ob sie sich gut eingelebt hat in der fremden Umgebung, wie ihr die Schule überhaupt gefällt – alles zweitrangig. Ganz klar: Die 365 Sätze sind ein Schritt in die richtige Richtung!

Weitaus umfangreicher präsentierte sich das erste deutsch-katalanische Wörterbuch, das anno 1502 erschien. Autor war ein gewisser Joan Rosenbach, der erst Hans Rosenbach hieß, aus Heidelberg kam und in Perpignan Station machte. Das Wörterbuch war auch zum Selbststudium gedacht. Damit es Wissbegierigen auch heutzutage in dieser Hinsicht an nichts mangele, hat die »Direcció General de Política Lingüistica« der Balearen keine Kosten gescheut: Selbstlernkurse, Nachhilfekurse, Fernsehkurse, noch im kleinsten Dorf Kurse beinahe zum Nulltarif in *català*. Die Argumente, mit denen geworben wird, damit Neu-Mallorquiner das standardisierte Idiom lernen, sind subtil: »Ihr werdet Zugang zu den Herzen der Einheimischen finden, wenn Ihr statt *un kilo de manzanas* lieber *un kilo de pomes* (Äpfel) einkauft«, hatte Susannchens Gitarrenlehrer prophezeit. »Wenn Sie hier leben wollen, Sie hier Ihr Ferienhaus oder Ihren Wohnsitz haben: wie oft werden Sie dann wirklich nach Spanien (außerkatalanisches Festland) reisen und Spanisch benötigen? Eben. Lernen Sie *català*.« »Weltsprache Spanisch? Wie oft im Leben werden Sie wirklich nach Südamerika reisen? Eben. Lernen Sie *català*.« Und nun drücken sie abends zusammen die Schulbank: Die *alemanys* und die *andalusos* und sogar die *mallorquins*. Die Ersteren, um Zugang zu den Herzen der Mallorquiner zu finden. Diese allerdings sprechen Mallorquinisch. Mit ihnen auf Standardkatalanisch kommunizieren zu wollen wäre ungefähr so, als würde man von einem Schwyzerdütsch Sprechenden erwarten, ab sofort sein Leben lang reines Hochdeutsch zu sprechen. Die anderen tun es, um ihren Kindern zu helfen, die vornehmlich auf (Standard-) Katalanisch unterrichtet werden. Und zu Hause entweder *castellano* oder eben *mallorquí* sprechen. Und die nun Nachhilfeunterricht nehmen müssen, um das Standard-Katalanische der Schule zu verstehen. »In Barcelona gab es in den dreißiger Jahren ein mallorquinisches Theater; das blieb immer halb leer, weil die Katalanen unsere Truppe nicht verstehen konnten«, erinnert sich Romà Pinya.

Gleichwohl: Selbst vor sechshundert Jahren kam der Reisende um das Katalanische nicht herum; das erfuhr schon der Minnesänger Oswald von Wolkenstein. In seinem Anfang des 15. Jahrhunderts entstandenen Lied »Es fugt sich« zählt er die Sprachen auf, die er unterwegs kennen lernte und in denen er auch zu parlieren verstand, darunter: kastilian, teutsch, katlonisch.

Am 31. Dezember feiert alle Welt Silvester. Mallorca

feiert zusätzlich die Festa de l'Estendard. Mit Umzug samt Standarte und feierlicher Messe in der Kathedrale, bei der alle Register der Orgel gezogen werden. Die *festa* beginnt wie üblich schon am Vorabend. Schließlich hatte Jaume I. im Jahre 1229 die Insel nach dreihundertjähriger Maurenherrschaft von den Muselmanen befreit. Folgerichtig fiedelt und dudelt die Stadtkapelle unter Jaumes Denkmal an der Plaça Espanya Mozarts »Rondo alla turca«. Es gibt Budenzauber, es gibt Jahrmarktstinnef. Doch die Stimmung ist aufgeheizt. Nicht wegen der vielen Maronibrater, aber vielleicht müssen Kastanien aus dem Feuer geholt werden. Für alle Fälle steht die Polizei bereit. Jaume der Eroberer grüßt mit erhobener Hand von seinem Sockel herunter. Der ist blumenbekränzt, und er wird gleich noch viel mehr Blumen bekommen. Honoratioren der Stadt, der Bürgermeister, einige (aber nicht alle) Vertreter von Parteien, Nachbarschaftsvereine und, natürlich, Abgeordnete der Fakultät für katalanische Philologie der Universität, alle erweisen mit großen Blumengebinden dem Eroberer ihre Reverenz. Das könnte ja eine freudige, heitere Sache sein. Aber weit gefehlt. Hier bewegt sich jede Abordnung mit todernster Miene und unter bedrohlich klingendem Trommelwirbel auf das Denkmal zu, gerade so, als wolle man gleich morgen zu einer neuen Eroberung aufbrechen. »Unsere Geschichte, unsere Identität als Volk beginnt mit Jaume dem Eroberer. Er brachte uns die Katalanität, die katalanische Sprache«, lautet Jahr für Jahr der Tenor der vor seinem Denkmal gehaltenen Rede. Eben dies bestreiten die Kritiker dieser Vorsilvestershow. »Unsere Sprache, das Balearische, kommt nicht aus dem

Katalanischen. Es hat einige Einflüsse aus dem Phönizischen und entwickelte sich, wie die anderen romanischen Sprachen, aus dem Vulgärlatein. Durch unsere Insellage gab es nur wenig Einflüsse von außen. Weder die Römer, noch die Byzantiner, nicht einmal die Vandalen, das einzige germanische Volk, das uns damals (sic!) heimsuchte, konnten daran etwas ändern. Und auch nicht die Araber.« So meinen einige Philologen. Zur Unterstreichung ihrer Thesen bemühen sie sogar Skelette: »Wir Balearen sind mit den Katalanen nicht verwandt. Wir gehören zu den Dolichozephalen (Langköpfen); der katalanische Archetyp hingegen zu den Brachyzephalen (Kurzköpfen).« Vorschlag: Wie wäre es mit Dickköpfen und Hitzköpfen? Denn nun stehen sie einander gegenüber auf der *plaça* und schwenken ihre Spruchbänder. »Spanier, Mallorquiner. Aber niemals Katalanen«, so die Langköpfe. »Nicht Frankreich, nicht Spanien, Països Catalans«, dagegen die Kurzköpfe. Mit den jeweils passenden Flaggen. Kurzköpfe und Langköpfe haben schon vor achthundert Jahren über ihre Flagge gestritten. 1269 hatte Jaume der Eroberer der Stadt Palma ein eigenes Wappen gewährt. Doch die mallorquinischen Kaufleute wollten – im Konkurrenzkampf um den mediterranen Wirtschaftsraum, als Aragon und Mallorca noch zwei unabhängige Königreiche waren – unter eigener Flagge segeln. Das hat Jaumes Enkel Sanç dann für das ganze Königreich Mallorca genehmigt.

Heutzutage flaggen die Rathäuser Mallorcas zur Feier des 31. Dezember je nach politischer Couleur. Gelbrot gestreift mit Lila: Man möchte Balearisch bleiben. Oder nur gelbrot gestreift: Man möchte in den Països Catalans aufgehen. Oder gestreift mit Stern: Man will die Unabhängigkeit von Spanien. Einige Politiker ziehen es vor, überhaupt nicht Flagge zu zeigen, wie Pressefotos etlicher nackter Rathausfassaden am nächsten Tag enthüllen. Ganz und gar nicht nackt präsentiert sich hingegen eine neuseeländische Darstellerin im ersten katalanischen Pornofilm; sie verhüllt ihr Hinterteil mit der *Senyera*, besagter gelbrot gestreifter katalanischer Flagge. Der Erfolg sei immens gewesen, erzählt sie, der Produzent sei sogar von der Autonomen Universität und der Universität Pompeu Fabra eingeladen worden …

Wilfried der Behaarte würde sich die Haare raufen; er war der Urheber der katalanischen Flagge, einer der ältesten Europas. Auf deren Entstehungsgeschichte spielt Federico García Lorca in seiner »Ode an Salvador Dalí« (ein Katalane!) an: »Fingerabdrücke aus Blut auf Gold verwunden das Herz des ewigen Katalanen«. Ludwig der Fromme soll im 9. Jahrhundert vier Finger in die Wunde von Wilfred dem Behaarten getaucht und diese über dessen goldgelben Schild gestrichen haben. Der Behaarte, Begründer der katalanischen Grafendynastie, war im Kampf gegen die Normannen schwer verwundet worden. Nordlichter – Neu-Mallorquiner – kämpfen heute glücklicherweise nur noch mit Leserbriefen an die deutschsprachigen Inselzeitungen. In völliger Unkenntnis geschichtlicher Zusammenhänge. »Wenn ich nach Friesland fahre, muss ich auch keinen Dialekt, muss ich auch nicht Plattdütsch snacken lernen. Amtssprache in Deutschland ist Deutsch.«

Richtig, doch in ihrer neuen Heimat, in Spanien,

gibt es nach der Verfassung vier Sprachgebiete und demzufolge vier Sprachen: Galicisch, Baskisch, *castellano* (Spanisch) und Katalanisch – eine der ältesten romanischen Kultursprachen Europas. Sie entstand zwischen dem 8. und dem 10. Jahrhundert in den Pyrenäen, in dem Gebiet, das als Spanische Mark zum Karolingischen Kaiserreich zählte. Heute wird Katalanisch – aber eben mit seinen entsprechenden idiomatischen Varietäten – in Katalonien, auf den Balearen, im französischen Roussillon (»Catalunya Nord«) und in der Stadt Alghero auf Sardinien (dort allerdings mehr verballhornt und auf sehr verlorenem Posten) von etwa 7,3 Millionen Menschen gesprochen und von fast 10 Millionen verstanden. So betrachtet, muss ich unbedingt über die 365 Sätze hinausgelangen. Vielleicht sollte ich bei einem guten Glas Banyuls, einem Süßwein aus »Nordkatalonien«, relaxen. Und dazu Arnau de Vilanova im Original zu lesen versuchen. Dieser gelehrte Arzt und Visionär schrieb seine populärtheologischen und polemischen Schriften auf Katalanisch. Ach, polemische Schriften gibt es eigentlich ohnehin genug. In den Leitartikeln, Kommentaren und Leserbriefen zu dieser unendlichen Geschichte ist der Ton jedenfalls stets gereizt. Da könnte ich mich also, was Arnau anbelangt, auf den Banyuls beschränken. Den soll er anno 1285 erfunden haben, als er entdeckte, dass man die Fermentierung durch die leichte Hinzugabe von Naturalkohol aufhalten kann; daher behält der Wein mehr Zucker und natürliche Aromen. Vielleicht sollte ich auch lesen, was Francesc Eiximenis (1340–1409) über die Frauen zu sagen weiß. Im »Llibre de les dones« will er (schon damals) Ratschläge zur Überwindung der weiblichen Untugenden erteilen. Und zerbricht sich den Kopf (Lang- oder Kurzvariante?) auf Katalanisch darüber, ob die Frauen im Himmel in Männer verwandelt werden. Eine interessante Überlegung, zweifellos. Oder ich könnte »Tirant lo Blanc« lesen, den Ritterroman, den Cervantes als »bestes Buch der Welt« lobte. Und natürlich: Ramon Llull im Original, Mallorquiner, selig gesprochener Missionar, Mystiker, Urheber der Computersprache und, viel wichtiger, Vater der katalanischen Sprache. Er schrieb nämlich nicht mehr in gelehrtem Latein wie im 13. Jahrhundert üblich, sondern in der Volkssprache. Doch die war gar nicht Katalanisch, sagen die Langköpfe. In einer Kopie seines Werkes »Blanquerna« habe er klar geschrieben, dass er es vom Mallorquinischen ins Valencianische übersetzt habe … Wie auch immer, das Gebäude der geisteswissenschaftlichen Fakultät der Universitat de les Illes Balears ist nach ihm benannt. »An der Universität herrscht absolute Sprachfreiheit«, versichert einer ihrer Dozenten. »Der Dozent wie auch der Student kann im Unterricht seine Sprache frei wählen.« Leicht vorzustellen, wie frei der Südamerikaner oder der Festlandspanier ist, wenn der Dozent ebenso frei das Katalanische als seine Sprache wählt. Ein Bewohner aus Kastilien, der hier studieren will, muss also Katalanisch lernen? »Ein Franzose, der in Deutschland studieren will, muss auch erst Deutsch lernen.« »Aber der Student kommt doch aus Spanien?« »Ja, aber er zieht in ein anderes Sprachgebiet.« Einige *profesores* träumten einmal von einer weltoffenen, polyglotten, mediterranen Universität. Inzwischen sind dort selbst die Gebrauchsanweisungen der Feuerlöscher nur katalanisch.

Die Steinschleuderer und ihr täglich Brot

Als auf Mallorca das Geld verboten war

Er will mich in die Künste seiner Zunft einweihen. Die besteht aus lauter nackten Prachtmännern, die Frauen lieben und kein Geld nehmen. Ja, doch, genau so habe ich es gelesen: »Sie laufen nackt herum … geben sich der Liebe zu Frauen mehr als jeder andere Mann hin … und gebrauchen absolut kein Geld … Wenn sie solches (soll heißen: außerhalb der Insel) verdienen, kaufen sie sofort Frauen und Wein dafür.«

Also: Diego ist natürlich bekleidet, als ich ihn besuche, er hat seine charmante Antonia auch nicht gekauft, sondern vor Jahrzehnten geehelicht, und die bringt uns jetzt frisch gepressten Orangensaft in seinen mit Trophäen, Fasermaterial und Schleudern voll gepfropften kleinen Arbeitsraum. Die Mähne, die da wie Engelshaar über einen Stuhl drapiert hängt, ist Ausgangsmaterial für sein Werkzeug: Diego flicht Steinschleudern und er ist der Einzige auf der Insel, der diese Kunst noch ausübt. »Agaven«, sagt er, »aber nicht irgendwelche.« Und beginnt sogleich mit dem Anschauungsunterricht; er schrubbt das Blatt mit einem Eisenstab, um das fleischige Blattgewebe abzuquetschen und abzuschaben; so werden grüne Blätter zu einem blonden Gespinst. »Am besten sind die inneren sieben bis acht Blätter. Sie dürfen nicht zu hart sein und sie müssen bei Vollmond abgeschlagen werden, weil der Saft sonst einen fürchterlichen Juckreiz verursacht.« Diego weiß, wovon er spricht; wohl jede Pflanze, die er unter die Finger bekommt, wird bei ihm zur Steinschleuder. »Cannabis darf nicht mehr angebaut werden«, sagt er. »Aber es gibt schon noch Quellen. Manche färben es, damit man nicht sieht, dass es Hanf ist.« Aber er nimmt auch Palme oder die endemische Zwergpalme. Oder Lilienblätter. Diese müssen nass, Maisblätter hingegen feucht sein zum Verarbeiten, beim heimischen Halfagras (*Esparto*) kann er sich aussuchen, ob er die Blätter vor der Verarbeitung 28 Tage in kaltem Wasser oder acht Tage in warmem Mist liegen lassen will. »Erlaubt ist jedes Material. Natürlich außer Plastik«, sagt er.

Als er 1977 mit einigen Freunden ausheckte, beim nächsten Dorffest in Llubí einen Wettkampf im Steineschleudern auszutragen und damit dem »Sport« der Urbevölkerung der Insel wieder zu Ansehen zu verhelfen, hätte Diego es sich wohl nicht träumen lassen, dass fünfhundert Millionen Fernsehzuschauer im Jahr 1999 Zeuge würden, wie vier Steinschleuderer, die vier balearischen Inseln darstellend, zu den Klängen von »Gaudeamus igitur« die Flamme der Universiade in Palmas Stadion Son Moix entzündeten. Die Vorfahren der vier hatten als Söldner im Gallischen Krieg Steine aus Terrakotta geformt, groß wie Hühnereier, hatten sie erhitzt und als Brandbomben benutzt. Aber zu Julius Cäsars Zeiten waren Steine als Waffen fast schon ein Auslaufmodell, auch wenn solche Projektile im frühen Mittelalter gelegentlich noch den primitiven Kanonen Konkurrenz machten.

Einer der ersten aktenkundigen Schleudermeister war bekanntlich David beim Kampf gegen Goliath, er tötete den Riesen mit einer Schleuder. Die ersten Balearenbewohner, die sich wohl zwischen Jungsteinzeit und Bronzezeitalter, 4000 Jahre vor Christus, auf der Insel niederließen, dachten vorläufig nicht ans Töten, jedenfalls fand man in ihren Behausungen keine Waffen. Doch mit der Ankunft weiterer Völker aus dem Mittelmeerraum änderten sich die wirtschaftlichen und sozialen Verhältnisse: neue Bauweisen mit Wachtürmen – *Talaiots* – und Funde von Kriegsgerät und Figurinen, dem Mars Balearicus, zeugen davon: der Homo habilis war kriegerisch geworden, und er war so habilis, dass er flechten gelernt hatte. Diese neue Kunst nutzte er auch, um Steinschleudern zu fabrizieren.

»Schleudern mit fünf Strängen sind besonders arbeitsintensiv«, sagt Diego. »Daran flechte ich einen ganzen Tag.« Der Zopf hat an einem Ende eine kleine Schlaufe, in die der Mittelfinger gehört, der andere Teil endet in einem Knoten, den man zwischen Zeigefinger und Daumen klemmt und im Moment des Schleuderns loslässt. Die Mitte teilt sich in mehrere Zöpfe, sie bilden eine Art Tasche für den Stein. Oder den Tennisball. »Es hat gottlob noch nie einen Unfall gegeben«, sagt Diego. »Und natürlich üben wir bei Anfängern nur mit Tennisbällen. Dennoch haben wir damals, nach den ersten Zusammenkünften, ganz schnell einen Verein gegründet, mit Statuten und Versicherung und allem.«

Heute schaue ich mir Ausscheidungskämpfe im Gelände beim Schloss Bellver an. Da sitzen die Spielleiter gemütlich auf Klappstühlen an Campingtischen und wirken so gar nicht wie die Recken des Altertums, die, von bedeutenden Künstlern gestaltet, öffentliche Plätze Mallorcas zieren: der Steinschleuderer, *foner,* von Llorenç Rosselló vor dem Almudaina-Palast in Palma oder der Schleuderer von Jaume Mir auf dem Universitätscampus. Die Teilnehmer: schlaksige Schuljungen, gestandene Hausfrauen, ein Mann mit Zopf, Spitzbärtchen und Kopftuch, Rentner im Jogginganzug. Linker Fuß etwas vorgestellt, Schulter in Zielrichtung, mit dem Unterarm die Schleuder im Uhrzeigersinn kreisend, die andere Hand in Richtung des Ziels gestreckt. Dazu dudelt unablässig die mallorquinische Weise von der Schäferin und dem Schäfer, vielleicht, weil dieser heute noch nach der Steinschleuder greift, anders als seine gloriosen Vorfahren aber nur noch, um halbwegs Ordnung in seine Hammelherden zu bringen. »Viele Steine gab's und wenig Brot«, so sah die Jugend der *foners* des Talaiotikums aus. Deren Mütter pflegten nämlich das Frühstück auf einem Pfahl oder in einem Baumwipfel zu platzieren, und wer nicht traf, konnte halt nichts essen. Die Schulknaben, die heute ihr Können vorführen, wären damals bestimmt jämmerlich verhungert. Aber Meister Diego kommt, sieht und trifft ins Schwarze. Der Stein eines Mitbewerbers holt gleich das ganze Netz herunter, das eigentlich zum Schutz vor verirrten Steinen aufgespannt ist, die immerhin mit etwa 120 Stundenkilometern aus ihren Schleudern herausschießen. »Als wir den Verband gründeten«, erinnert sich Diego, »da waren wir mal in Burgos, zu Besprechungen und inoffiziellen Wettkämpfen. Gleich am Anfang hatten wir die Zielscheibe zu Bruch geschossen; die war für diesen Sport gar nicht geeignet. Es war Sonntag, da konnten wir keine andere auftreiben. Also machten wir in der Stierkampfarena weiter und zielten auf die Schutzwand, hinter der sonst die Toreros Deckung suchen. Unsere Steine haben dort solche Markierungen hinterlassen, dass ein Torero am nächsten Sonntag fragte, was zum Teufel das beim vorigen Kampf denn für Stiere mit derartigen Riesenhörnern gewesen seien.« Die *foners* des Altertums trafen ihr Ziel auf zweihundert Meter Entfernung und die Stars unter ihnen sollen sogar genau die von ihnen gewünschte Stelle erwischt haben. Bei den balearischen Meisterschaften geht es etwas bescheidener zu: Die Rekordmarke liegt bei 160 Metern.

Die »Federació Balear de Tir de Fona«, der Verband der Steinschleuderer der Balearen, ist inzwischen 25 Jahre jung geworden – was sind schon 25 Jahre bei der Vergangenheit! Mit ihrem Einsatz als Söldner im griechisch-punischen Krieg 654 vor Christus begann die berufliche Karriere der Steinschleuderer, da hatten die Phönizier aus der Not eine Tugend gemacht. Sie besaßen auf dem kaum bewohnten Ibiza schon eine dauerhafte Niederlassung. Auf Mallorca gaben sie derlei Pläne gleich wieder auf. Mit einem solchen Steinhagel, »als wäre es Schotter«, hatten die Balearen die Flotte des Feldherrn Magó bedacht (Maó, die Hauptstadt Menorcas, soll nach Magó benannt sein), dass sie gar nicht erst an Land gingen, ihre Handelskontakte lieber von der Santa Ponça vorgelagerten Inselgruppe Malgrat aus knüpften und bei der Gelegenheit auch gleich einige der kämpferischen Balearen als Söldner anwarben. Der Ursprung des Wortes Balearen dürfte phönizisch sein. Die Phönizier nannten die Inselbewohner – und diese schließlich sich selbst – Balearen: »Ba' 'le« heißt »Meister von, Meister in« und »yaroh« bedeutet »werfen«, also »Ba'le'ya(roh)«: »Meister im Werfen«. Die Hypothese vom griechischen Ursprung »ballein«, für »werfen«, wird, da idiomatisch nicht schlüssig, heute meist verworfen. Zumal die Griechen selbst die Inseln nicht als Balearen bezeichneten.

»Die Griechen nannten die Inseln Gimnesiae, weil ihre Einwohner im Sommer nackt gingen. Die Einheimischen und die Römer nennen sie Balearen«, weiß Geschichtsschreiber Diodorus. Und Gimnetas waren Infanteriesoldaten, zu denen auch die *foners* gehörten. Sie kämpften zusammen mit den Bogenschützen in vorderster Linie und hatten immer drei Schleudern dabei: eine kurze für geringe Entfernungen, um den Kopf getragen, eine längere um die Taille geschlungen und eine dritte, die stets zur Hand war.

Völlig unverständlich war es Diodorus, dass die Balearen weder Gold- noch Silbergeld benutzten, ja, die Einfuhr sogar verbaten; waren sie doch felsenfest davon überzeugt, dass Geld nur Komplikationen und Probleme bringe, kurzum, dass Geld die Sitten verderbe. Eine Ansicht, die die Balearenbewohner von heute bekanntlich nicht mehr teilen. Also kauften sie von ihrem Sold schon vor der Rückkehr auf die Insel die Dinge, die dort fehlten. Wein. Und Öl. Das war attraktiver, als sich mit einem Gemisch aus Mastixöl und Schweinefett einreiben zu müssen. Vor allem aber kauften sie Frauen. Sie liebten sie so sehr, dass sie drei junge

Männer gegen eine von Piraten geraubte Frau hergaben. Nach der Niederlage der Karthager im Ersten Punischen Krieg (264–241 vor Christus) reichte der Sold offenbar nicht, um Frauen und Wein zu kaufen, jedenfalls probten die Kämpfer den Aufstand, von Gustave Flaubert in seinem monumentalen Roman »Salammbô« beschrieben, unterlagen und wurden von den Karthagern ermordet. Beim Zweiten Punischen Krieg (218–201 vor Christus) waren sie aber unverdrossen wieder dabei. Sie kämpften unter Hamilkar Barka und zogen mit dessen Sohn Hannibal samt Elefanten über die Alpen. Sie bedachten die römische Kavallerie wie gewohnt mit einem Steinhagel und als in dem Moment auch noch die Elefanten auftauchten, suchten die römischen Reiter entgeistert das Weite. Nicht wegen ihres Anblicks, versichern Chronisten, sondern wegen des seltsamen Geruchs der Tiere. Über zweihundert Jahre haben die Balearenbewohner zum Sieg der Karthager beigetragen. Mit der Niederlage in Zama endete ein Kapitel der balearischen Annalen.

Eine neue Einnahmequelle wurde die Piraterie. Der Homo balearicus mit seinen Steinschleudern spielte Schiffe versenken, denn er pflegte direkt auf die Wasserlinie zu zielen. Also mussten die Römer diese verstärken und erfanden gewissermaßen die ersten Panzerkreuzer der Geschichte. Mallorcas Eroberer Quinto Cecilio Metelo benötigte zwei Jahre, bis er die Widerspenstigen 128 vor Christus endlich gezähmt hatte, und zwar in einem solchen Ausmaß, dass der griechische Geograf Strabon sogar glaubte, die Balearenbewohner hätten die toga praetexta erfunden. Dieses Kleidungsstück mit purpurnen Besatzstreifen trugen die römischen Knaben bis zum Anlegen der toga virilis, ebenso die römischen Beamten und Priester. Die Purpurschnecke kam hier tatsächlich sehr häufig vor. Vielleicht hatten die Balearen ja wirklich als Erste die Idee, sich mit Purpurbordüren zu schmücken und die Römer haben diese Mode flugs importiert. Mit der »Knappheit ihrer Kleidung« jedenfalls war es vorbei. In Belgien wäre es zum Nacktkampf ohnehin zu kalt gewesen; Julius Cäsar konnte die Geschicklichkeit der Balearen im Jahre 57 vor Christus in seinem Gallischen Krieg nochmals brauchen. Außer Steinen nahm man inzwischen auch schon mal Bleigeschosse her; statt der üblichen Mina von 436,60 Gramm wogen die nur zwischen 37,50 und 42,20 Gramm, sie waren kleiner und wegen des geringeren Luftwiderstands treffsicherer. Abgesehen davon eignete sich das Material vorzüglich zur psychologischen Kriegsführung: Da es Flugblätter noch nicht gab, gravierte man in die Bleigeschosse Lobeshymnen auf den eigenen Anführer. Oder Schmähsprüche auf den Gegner.

Die Steinschleuderer von heute kaufen keine Frauen mehr, die werden lieber selbst Steinschleuderinnen. Catalina Riera hat es mit 71 Jahren fünfmal zur Balearen-Meisterin gebracht. 44 Schulen sind an Kursen des Verbands interessiert, drei- bis viertausend Schüler üben diesen Sport aus. Die begehrte Trophäe wird für die meisten Punkte, die schönste Schleuder und die höchste Publikumsgunst vergeben. Klar, dass Altmeister Diego da immer wieder ganz groß rauskommt.

Rotes Schaf, schwarzes Schwein und Olivenöl-Sorbet

Gaumenfreuden à la Mallorquina

Tausend Personen können sitzen. Zweihundert Personen können stehen. Und dabei essen. Längst nicht genug Platz für all die Mallorquiner, die einer ihrer Lieblingstätigkeiten frönen wollen: mal wieder richtig tafeln. Geduldig nehmen wir die Warteschlangen in der Messehalle hin, denn schließlich: dreiundzwanzig Restaurants, vier Kochschulen, zwei Destillen, acht Weinproduzenten, fünf Konditoreien riefen anlässlich der alljährlichen Kochkunstmesse zum Verkosten und alle, alle kamen. Abends sind Folkloregruppen für das Ambiente zuständig, was weiß Gott nicht nötig ist, dafür sorgen die Besucher selbst, die als Großfamilien und im Freundeskreis anrücken.

Die Eintrittskarte ist perforiert, da in Gutscheine aufgeteilt, die man für einige *degustacions* abreißen kann – für ein Gläschen Wein hier, einen Kaffee oder ein Eis dort. Häppchen, *tapas*, stehen sowieso fast überall zur Selbstbedienung. Vor allem aber bieten die teilnehmenden Restaurants jeden Tag zum Selbstkostenpreis andere Gerichte an: deftig oder verfeinert, einige medaillen- oder sogar sterneverdächtig. Wir schieben uns durch die Gänge oder werden geschoben. Und haben die Qual der Wahl: Vielleicht ein Stückchen *coca*? Francesc Eiximenis, ein Autor des 14. Jahrhunderts, beschrieb eine feiste Köchin, die so gern *coca* aß, dass sie daran erstickte. In seinen Schriften geißelte er die Untugenden der Frau, wir aber wollen ja nur ein Häppchen. *Coca* ist ein Blechkuchen, den man mit allem, was gerade zur Hand ist, belegen kann: Gemüse, Fleisch, Wurst, eine Art Pizza à la Mallorquina, fast so wichtig wie das tägliche Brot. Das ist auf Mallorca traditionell dunkel und ungesalzen. Weil es sich auf diese Weise bei der hohen Luftfeuchtigkeit besser hält. Es bildet die Basis für *sopes mallorquines*, bei denen man im wahrsten Sinne des Wortes die Suppe auslöffeln kann, die man sich eingebrockt hat: Lagen von Kohl, Zwiebeln und grünen Bohnen mit Schichten von altbackenen Brotscheiben, die die Brühe fast völlig aufsaugen. Am nächsten Stand gibt es *frit mallorquí*: Kartoffeln, Zwiebeln, Paprikastücke und Knoblauch mit dem überall wild wachsenden Fenchel und mit klein geschnittenen Innereien gebraten: Herz, Nieren, Lunge, Leber, vorzugsweise vom Lamm. Für die eigene Leber mag das etwas fettig sein, aber dagegen ist ein Kraut gewachsen, viele Kräuter genau genommen, die jetzt dekorativ in Flaschen stecken, *herbes*, ein Kräuter-*digestiu*, der in den Varianten trocken, *seques*, mittel, *mesclades*, und süß, *dolces*, angeboten wird.

Bei den Unmengen von Kräuterlikörflaschen allein auf dieser Fress-Messe – und das ist ja nicht die einzige – bekommt man fast Mitleid: Was bleibt denn für die Ziegen und Schafe noch übrig? Die einschlägige Literatur versichert: die sind genügsam. Das sprichwörtliche schwarze Schaf ist hier übrigens rot, es lebt bescheiden in den Bergen der Tramuntana vor sich hin und weiß noch nicht, dass die Chefköche der Insel von *Xot de la Serra de Tramuntana* träumen. Es frisst, was die Kräuterlikörhersteller so übrig lassen. Die einheimische nervöse Ziege kann mit den Gebrüdern Grimm vermutlich nur noch lügen: Ich sprang nur über Gräbelein und fand kein einzig Blättelein.

Märchenhaft ist auch, wie die Mandelbäume auf die Insel kamen, die im Jahr immerhin zwischen fünfzehn und zwanzig Millionen Kilogramm Früchte liefern: Es war einmal eine wunderschöne Prinzessin. Sie stammte aus dem hohen Norden Europas und hatte einen edlen Prinzen aus Mallorca geheiratet. Sie waren glücklich; nur im Winter wurde die Prinzessin schwermütig, denn ihr fehlte die verschneite Landschaft ihrer Heimat. Der Prinz grübelte lange darüber nach, wie er seine Gemahlin glücklich machen könne. Endlich befahl er, auf seiner Insel viele Mandelbäume anzupflanzen. Zwischen Ende Dezember und Ende Februar verzaubern nunmehr die weißen Blüten die Insel und gaukeln fast eine Schneelandschaft vor. Nun war die Prinzessin glücklich und auch ihr Gemahl, und wenn sie nicht gestorben sind, dann leben sie noch heute. Und freuen sich darüber, dass so viele Touristen in diesen Monaten auf die Insel kommen, um die Mandelblüte zu bestaunen.

Im September gehört Klappern zum Handwerk, da schlägt man die Frucht des Prunus Amygdalus mit langen Stangen von den Bäumen und sammelt sie in den darunter ausgebreiteten monumentalen Netzen. In Genossenschaftseinrichtungen befreien Maschinen sie von der grünen, weichen Haut und knacken auch gleich die harte Schale. Und wer keine Mandelplantagen, sondern nur einige Mandelbäume im Garten hat? Seit Jahren suche ich nach einem »Mandelknacker«, denn der herkömmliche Nussknacker ist ihnen nicht gewachsen. Offenbar gibt es so etwas nicht. Nicht mal auf dieser Messe. Darum wohl gibt es sie noch, die Mallorquiner, die vor der Haustür sitzen und Mandel für Mandel mit einem Stein aufschlagen. Daraus entstehen all die Köstlichkeiten, ohne die Mallorcas *cuina* nicht denkbar ist: Mandeln geröstet zum Aperitif, Mandelsuppe als Vorspeise, Huhn mit Mandelsauce als Hauptgericht, Mandelkuchen mit Mandeleis zum Nachtisch. Und die Mandelmilch! Mit Zitrone und Zimt angereichert, »erfunden« angeblich von den Mönchen des Minoritenkonvents in Santa Maria: Die Mönche waren Vegetarier und deshalb mussten sie erfinderisch sein, um sich gesund zu ernähren. Nicht ganz so gesund ist *torró,* geröstete Mandelmasse mit Puderzucker verknetet, eine Kalorienbombe, ohne die ein Weihnachtsfest hierzulande nicht denkbar ist. Was das Christkind gern mag oder was man ihm als kleines Gastgeschenk mitbringen könnte, wissen die Weihnachtslieder ganz genau: *panses i figues i nous i olives* – Rosinen und Feigen und Nüsse und Oliven. Und die braven Hirten auf dem Felde müssen auch nicht mit leerem Magen heimgehen: sie essen, so singt man, *ous i botifarra,* Eier und eine typische Bauernbratwurst. Sie haben ihre Wurst wohl gegrillt, denn das Weihnachtslied weiß von *fum fum fum,* sehr viel Rauch, zu berichten. Wie die Hirten, so machen es heute noch die Bauarbeiter: Wo gibt es das schon noch, dass – *fum, fum, fum* – gegen zehn Uhr in aller Seelenruhe erst mal *botifarra* oder *botifarró*, eine mit Pinienkernen und Anis gewürzte Blutwurst, am Straßenrand gebrutzelt wird? Merke: »Si no tens temps per menjar bé, per què treballes?« (Wenn du keine Zeit hast, um gut zu essen, wofür arbeitest du dann?)

Ob gegrillt oder kalt, man legt die Würste – oder auch Schinken oder Käse – gern auf besagtes ungesalzenes Bauernbrot. Das wird zuvor mit dem Saft einer aufgeschnittenen Tomate eingerieben. Aber keiner beliebigen Tomate. Es muss schon die *tomàtiga de ramellet* sein, eine Spezialität der Insel, die der katalanische Autor Josep Pla als die beste, ja die einzig geeignete für ein echtes *pa amb oli*, Brot mit Öl, pries. Diese Tomaten halten sich, zu langen Zöpfen geflochten, in den *rebost*, den typisch mallorquinischen kühlen Vorratskammern einen ganzen Winter lang. Und schmecken intensiver und sind fleischiger in der Konsistenz als herkömmliche. Auf das Tomatenbrot gießt man behutsam ein Fädchen Öl. Olivenöl. Was sonst. Neulich rief ein Handwerker, der bei mir im Haus etwas richtete, nach Schmieröl. Nicht vorhanden. Dann eben Speiseöl. Welches? Sonnenblumen? Oder Oliven? Kurze Antwort: »El bueno«, das gute. Damit war alles gesagt. Für ihn taugte anderes Öl nicht mal zum Schmieren der Türangeln.

Die Stände der Olivenölproduzenten sind umlagert; wir gesellen uns dazu, allesamt offenbar fest entschlossen, über hundert Jahre alt zu werden. Hatte nicht der hundertjährige Polli Romilius auf Kaiser Augustus' Frage, wie man so alt werde, geantwortet: »Innerlich durch Wein mit Honig, äußerlich durch Öl.« Und da auch Plinius befand: »Zwei Flüssigkeiten gibt es, die dem menschlichen Körper angenehm sind, innerlich der Wein, äußerlich das Öl, beide von Bäumen kommend«, könnte ja etwas dran sein ... Der Maler und Schriftsteller Santiago Rusiñol – in Mallorca geradezu vernarrt – sieht das mit den Bäumen und dem Wein und dem Öl in seinem Buch »L'Illa de la Calma«, die Insel der Ruhe, so: »Sie (die Bäume) verdrehen ihre Eingeweide aufs Äußerste, sie verknoten, verkrampfen und wälzen sich so hysterisch am Boden herum, dass man sie nicht mehr als Bäume bezeichnen kann. Sie scheinen unter einer Art Veitstanz zu leiden. Man verspürt Lust ihnen zu sagen: Haltet an! Wenn man für das Hervorbringen von Oliven so leiden muss, ist es besser, die Sache aufzugeben und es überhaupt sein zu lassen. Wer kein Öl aufs Brot schmieren kann, der benutze Wein. Das erwärmt den Kopf und nährt auch.«

Wenn die hysterischen Bäume nicht allzu verknotet sind, drechselt man herrlich gemaserte Schüsseln aus ihrem Holz; aber vorher sollen sie möglichst schon ein paar hundert Jahre lang Oliven hervorgebracht haben. Heutzutage werden hier jährlich an die fünfhundert Tonnen Oliven und hundertzwanzig Tonnen Öl produziert. Phönizier, Römer und Araber kultivierten den Ölbaum auf Mallorca; doch erst nach der Eroberung der Insel durch Jaume I. scheint ein wahrer Boom eingesetzt zu haben, er gab jedenfalls besonders viele königliche Genehmigungen für neue Plantagen. Das war auch dem Reisenden Sebastian Münster anno 1544 nicht entgangen. Er schrieb von »den zweien inseln Maiorica und Minorica, die ein besunder künigreich machen« und stellte fest: »In den zweien groesseren inseln Maiorica vn Minorica wechßt ein groß gut von dem besten oel, das man von dannen fuert in Valentz, Flandern vnnd Italiam.« Von bestem Öl: eben! George Sand rümpfte zwar die Nase über das »stinkende mallorquinische Öl«, aber vor ihrer Kritik an allem Mallorquinischen war, mit Ausnahme der Landschaft, sowieso nichts sicher. 1888 gab es immerhin eine Silbermedaille auf der Weltausstellung von Barcelona für das hiesige Olivenöl und für die Ernte 1998–1999 heimste man den Nationalpreis für das beste Olivenöl erster Pressung ein. Genau deswegen reißt man sich am Stand auch um die Häppchen: Öl auf Brot. Weiter nichts. Wem das zu simpel ist, der möge folgendes Rezept von Küchenchef Antoni Pinya ausprobieren: 300 g Zucker, 100 g Traubenzucker, 6 dzl Wasser, 2 1/2 dzl. Olivenöl *extra verjo*. Das Wasser, den Zucker und den Traubenzucker drei Minuten kochen. Den so erhaltenen Sirup abkühlen lassen. Das Olivenöl mit dem Sirup mischen. Die Mischung in die Eismaschine geben und das Sorbet servieren.

Geradezu hausbacken nimmt sich dagegen die traditionelle *ensaïmada* aus: lecker, locker, leicht. Man glaubte, die Hefeschnecke stamme aus dem Orient, vielleicht wegen ihrer Turbanform, nahm an, die Araber oder die Juden hätten sie mit hierher gebracht, doch ihr Name beinhaltet *saïm*, und das heißt Schmalz; diese Hypothese scheidet also aus. Vielleicht stammt sie aus der Zeit, da Konvertierte öffentlich, um ihren neuen Glauben zu demonstrieren, auch Schmalz verzehren mussten. Eine nostalgische Reklame zeigt jedenfalls, dass sie schon in den dreißiger Jahren ein Exportschlager war: ein Schiff, Passagiere in Tracht, Windmühlen… Heute nimmt man sie als Souvenir auch im Flugzeug mit, an die vierzig pro Flug, hat die hiesige Regierung mal ausrechnen lassen. Auf dass auch die staunenden Nordländer lernen, wie harmonisch sich süß und herzhaft kombinieren lassen: die mit Puderzucker überstäubte *ensaïmada*, bedeckt mit Stücken der roten *sobrassada*, dem kulinarischen Wahrzeichen Mallorcas. Eine wahrhaft königliche Wurst, da der König von Aragon, Martin I., im Jahr 1404 schon in Sizilien (das zu seinem Reich gehörte) bei seinem Majordomus »sobrassata« bestellte – feinstes Schweinemett im Naturdarm, haltbar gemacht mit Paprikapulver.

»Das Schwein ist ein Totem Mallorcas«, meint Carlos Garrido in seinem Buch »Das magische Mallorca«. Es durfte nur bei zunehmendem Mond geschlachtet werden. Überhaupt: das Schlachtfest. Das galt und gilt zwischen November und Januar noch immer als Entschuldigung für alles und jedes. »Morgen wird das Schwein geschlachtet.« Mehr muss man nicht erklären. Aber nicht irgendein Schwein, schwarz muss es sein, mit hängenden Ohren. Das schwarze Schwein war vom Aussterben bedroht. Der Bestand hat sich aber seit 1999 mit über 880 Tieren mehr als verdoppelt. Um den Fortbestand zu sichern, fördert die Regierung finanziell den Verkauf junger Ferkel zur Aufzucht. Anfang der fünfziger Jahre gab es noch über hunderttausend Tiere, heute nur mehr besagte 880, kaum ein Prozent des damaligen Bestandes. Dabei sind sie genügsam; sie lieben Feigen und Johannisbrot. »Keration« nannten die Griechen die Früchte des Johannisbrotbaumes, kleines Horn, aus dem das Wort »Karat« wurde. Ihre Samen wiegen exakt 0,18 Gramm, seit eh und je konnte man Gold und Perlen damit wiegen. Perlen vor die schwarzen Säue, gewissermaßen.

In der Messehalle versteht man inzwischen sein eigenes Wort nicht mehr. Die Stimmung ist bestens. Und es wird ja auch nicht die letzte Messe mit kleinen Schweinereien sein. Da gibt es die Ökomesse und die Agrarmesse und die Baleart, eine Messe des Kunsthandwerks mit Glasbläsern und Töpfern und Goldschmieden. Und mit *Ensaïmada*-Bäckern und Kräuterlikörmischern und *Sobrassada*-Metzgern und, nicht zu vergessen, den Käseherstellern. Die hiesige Kuh ist eine sehr rustikale, über zweitausend Jahre alte Rasse, Überreste wurden in den *Talaiots* gefunden. So etwas verpflichtet: der Käse ist dementsprechend ausgezeichnet – sogar die Franzosen nehmen ihn mit nach Frankreich. Und überhaupt: Eine Messe ohne ein Minimum an Verköstigungsständen ist eigentlich gar keine Messe. Zum Beispiel die für katalanische Bücher. Selbst die vielen Kochbücher trösten nicht darüber hinweg, dass hier ausschließlich geistige Kost geboten wird. *Bon profit.* Nein, das bezieht sich nicht auf das gute Messegeschäft. Das heißt auf *mallorquí* nur ganz einfach: Guten Appetit.

Das Tintenfass der George Sand

Auf den Spuren Karls V. durch Palmas Altstadtgassen

Nachdem die Leinen festgemacht waren, trafen sie sich auf dem Steg, der vom Schiff ans Land führte. Doch unter der Last brach der Steg zusammen und die drei platschten ins Wasser. Das war gegen jedes Protokoll, denn es handelte sich um den mächtigsten Mann der Welt, in dessen Reich die Sonne nicht unterging: den Habsburger Kaiser Karl V., seine Schwester, die Königin von Frankreich, und den Herzog von Savoyen. Das unfreiwillige Bad hatten sie in Nizza genommen und das war erst drei Jahre her. Vielleicht hat die Majestät deswegen zur großen Enttäuschung der Mallorquiner den Steg nicht benutzt, den sie ihm bei seinem Besuch der Insel mit so viel Liebe und Pomp gebaut hatten, sondern ist direkt an Land übergestiegen. Auch sein Pferd war nervös, so dass der Kaiser bat, man möge nun aufhören mit dem Salutschießen. Die ganze Stadt war wie im Taumel.

Am 13. Oktober 1541 trifft Kaiser Karl V., gleichzeitig König Karl I. von Spanien, auf Mallorca ein. Als Karls kaiserliche Flotte sich der Bucht von Palma näherte, sagte der Habsburger nichts Originelles, sondern das, was auch heute unweigerlich alle sagen, die hier einlaufen: »Oh, welch wunderschöne Stadt.« Das Meer reichte noch bis an die Llotja heran, die Handelsbörse, und Karl erkundigte sich sogleich, ob dieses Juwel gotischer Profanarchitektur eine Kirche sei. Die Menschenmenge drängte sich auf Balkonen, in den Gassen, an der *plaça* der Llotja, und der Kaiser tat ihnen den Gefallen und ließ sein Pferd sich drehen, damit alle ihn sehen konnten.

Unzählige monumentale Triumphbogen zierten seinen Weg, lateinische Lobeshymnen aus der Feder der örtlichen Honoratioren hießen ihn willkommen, auch das Bildnis eines Knaben, der Ramon Llull nachempfunden war, und die Hausbesitzer wetteiferten darin, einander mit ihren kunstvollen Drapierungen an den Hauswänden zu übertreffen. »Oh, welch schöne Straßen, welch wunderschönes Gemäuer«, sagte die Majestät immer wieder. Ob die Stadt wohl so groß sei wie Barcelona? Und ob die Häuser denn innen so schön seien wie außen? Noch viel schöner, versicherten ihm seine Begleiter.

Daran hat sich bis heute nicht viel geändert. Palmas Altstadt ist ein Traum für betongeschädigte Mitteleuropäer, sie gehört zu den besterhaltenen Metropolen am Mittelmeer mit einem der größten historischen Stadtkerne Europas. Eine Altstadt, die viel verrät über ihre Bewohner, mit Stadtpalästen, die nach außen wenig preisgeben von der Pracht, die sich innen entfaltet und die deshalb dem nordeuropäischen Habitus so diametral entgegengesetzt sind. So benutzt denn auch der mallorquinische alte Adel das Wort Palast nicht, das Geschlecht ist wichtiger als verliehene Adelstitel, einen Palast hatten der Vizekönig, der in der Almudaina residierte, und der Bischof. Sonst nannte man seine Häuser schlicht *Can* (»Haus von«) und hängte den Familiennamen dran, nicht anders als in Sizilien, wo man nicht »palazzo«, sondern »casa« sagt.

Der kaiserliche Tross zog vom Carrer Sant Feliu in der Unterstadt zum Carrer Sant Jaume und zum Bereich um die Kathedrale und die Kirchen Santa Eulalia und Sant Francesc, zur Oberstadt. Dort residiert bis heute die Aristokratie der Insel. Ein Palast, einst im Besitz des Marqués de Mondéjar, Grande de España, von altem Inseladel und dem Malteserorden angehörend, prunkte wie so viele mit Luxusmobiliar, mit Goldschmiedearbeiten und bestens ausgestatteter Bibliothek mit kastilischen, katalanischen und lateinischen Autoren. Inzwischen wurden die Pergamentrollen durch Faxrollen ersetzt und man kann nicht mehr blättern, man muss browsen. Ein Businesscenter ist daraus geworden. Investiert in diese noble Adresse haben ein Deutscher und Angehörige einer mallorquinischen Familie, die einst in Algerien zu Geld kamen, dieses vorausschauend in Stadtpalais oder auch in alte Herrensitze auf dem Lande investierten und sie zu Touristenattraktionen umfunktionierten – das Freilichtmuseum Sa Granja beispielsweise, oder die Megashow von Son Amar. Auch mit der Noblesse hatten sie sich zusammengetan und in Jointventures auf deren *fincas* erlebnishungrigen Touristen panem et circenses geboten und die Idee mit Erfolg gen Florida exportiert; der noble Herr in Miami, sagen einige aus der weitläufigen blaublütigen Verwandtschaft hier etwas süffisant, lasse sich da drüben nicht ungern mit »His Royal Highness« titulieren. Schräg gegenüber waren die Gual de Torrella zu Hause, deren Vorfahren aus Torroella de Montgri in Katalonien mit dem Tross Jaumes des Eroberers auf die Insel gekommen waren. Der erste Bischof Mallorcas stammte aus ihrer Familie ebenso wie ein Papst. »Der Garten, in dem wir Kinder spielten, lag direkt vor der Bibliothek«, erzählt Margalida Gual de Torrella. »Zwischen Spiel und Geschichte gab es keine Grenzen, alles ging ineinander über, und die Grabstätte des ersten Bischofs von Mallorca sehen wir bei jeder Messe in der Kathedrale.«

Das Familienarchiv der Gual de Torrella birgt das Werk eines weiteren Vorfahren, Guillem de Torrella, der um 1370 »Faula« schrieb, ein lyrisches Versepos von einem Besuch im Reich des Königs Artus, das durch die eigenwillige Behandlung des Artusstoffes, so heißt es immerhin in Kindlers Literatur Lexikon, über andere hinausragt.

Zwei Seiten einer Altstadt: Da werden Prachtbauwerke restauriert, ihrer Geschichte und ihrer Seele entleert, zu Büros und Apartments umfunktioniert; immerhin lässt man die Fassade stehen, und hinter anderen Fassaden wohnt noch immer, mit oder ohne Mayordomus, die alte Inselaristokratie; einige haben im Winter nur das nötige Minimum an Räumen der nicht endenden Zimmerfluchten geheizt, deren Grundausstattung, meist in Rot gehalten, mit Seidentapeten, Orientteppichen, schweren Samtvorhängen und ebenso schweren Bilderrahmen, aus denen die Verwandtschaft grüßt, sich über Jahrhunderte nicht geändert hat. Ebensowenig wie die Anordnung der Räumlichkeiten. Da gibt es den Empfangssaal und dahinter die Salons, deren prunkvolle Ausstattung mit jedem weiteren noch zunimmt, um in der ehrgebietenden *sala de respeto* zu enden, an deren langen

Wänden nichts weiter als ein Stuhl neben dem anderen stand, für Glückwunschbringer oder Trauergäste. In der Kammer daneben befand sich ein einziges Bett, in dem man gebären, krank werden oder sterben und zu diesem Behufe jeweils auch Besuch empfangen durfte; im letzteren Fall gab es nachts um 23 Uhr Schokolade und die Vorhänge des Hauses blieben zwei Monate lang geschlossen; wer verheiratet war, durfte sie gleich zwei Jahre nicht öffnen.

Hier wohnen jene, die die Geschicke der Insel bis ins letzte Jahrhundert hinein bestimmten und einstiger Größe nachtrauern mögen oder es verstanden haben, diese Größe zeitgemäß umzufunktionieren. Eines der größten Wahlplakate zumindest hatte vermutlich der adelige Carlos Delgado Truyols, schon lange Politiker; bei den letzten Wahlen warb er für sich und den Partido Popular mit einer Banderole, die am Gemäuer seines Familienschlosses Bendinat angebracht und fast genau so lang war wie eben dieses.

»Ben dinat«, wir haben gut gegessen, soll Jaume der Eroberer anno 1229 an diesem Ort gesagt haben. Auch die Familie Dezcallar aus dem Roussillon rettete sich in der Neuzeit in die Politik hinüber, lieferte dem Staat Diplomaten und zuletzt sogar einen Geheimdienstchef. Das ganze Areal um das Städtchen Campos im Süden der Insel gehörte ihnen, Colonia de Sant Jordi ist ihre Gründung, ganz in der Nähe liegt die eigentümliche Landschaft der Salinen mit ihren schillernden Salzrändern, und das Salzmonopol hat ihnen, neben dem Münzmonopol, auch mal gehört. Sie residieren noch in der Altstadt in einem der trutzigen

Paläste, die rund um die Kathedrale, Santa Eulalia und Sant Francesc stehen, wo die Gassen, in die kaum ein Sonnenstrahl fällt, gerade breit genug sind, um ein Auto durchzulassen. Furchterregende Fabelwesen sind zu Stein erstarrt an den wehrhaften Wänden, die daran erinnern, dass die Adelsfamilien sich über Jahrhunderte erbitterte Fehden um die Macht lieferten, in denen Hunderte von Toten zu beklagen waren. Ein anderer Spross der weit verzweigten Familie hatte sich mit dem Erfinder der berühmten Kunstperlen Mallorcas auch familiär verbunden; über Jahrzehnte leiteten sie die Geschicke des Unternehmens, bis sie es zum richtigen Zeitpunkt verkauften. Die Belegschaft in der Fabrik in Manacor trauert den alten Zeiten und den alten Besitzern nach, als für Sonderschichten schon mal ein Gasherd unter den Angestellten verlost wurde und wo es zu Ostern für jeden Firmenangehörigen fünf Kilo Mehl gab, um die traditionellen Teigtaschen zu backen.

Geheimnisvolles Dämmerlicht prägt die Altstadtgassen, kaum ein Laden unterbricht die Häuserfronten mit den ausladenden Dächern. Was hätten sie hier auch kaufen sollen, die Bewohner? Die Verwalter ihrer Güter kutschierten heran, was man so benötigte; noch im ersten Drittel des 20. Jahrhunderts zog der Adel mit Kind und Kegel den Jahreszeiten und der Ernte hinterher, darauf bedacht, auch seine Landsitze mit all dem Luxus auszustatten, den er von seinen Stadtpalästen gewohnt war, und sie außen ebenso streng und abweisend zu gestalten wie diese – Understatement in seiner besten Form. Was man heute unter »Mittelmeer-« oder gar »Mallorca-Architektur« glaubt verstehen zu müssen, ist bei diesen Anwesen jedenfalls nicht zu finden. Die Ernte bringt nicht mehr viel ein, dennoch bleibt, wer irgend kann, zwischen Mitte Juni und Ende September nicht in der Stadt, sondern draußen, auf einer seiner *possessions*.

Es ist ein Muss, im Halbdunkel dieser Gassen herumzuschlendern, scheinbar ein Spiegelbild der Romane »Mort de Dama« und »Bearn«, in denen Llorenç Villalonga der Aristokratie einen Spiegel vorhielt, der feinen Gesellschaft in dem um die Kathedrale gelegenen Viertel, wo sie »mit den Kanonikern und den Katzen in immerwährender Siesta« vor sich hin dämmerte. Immer wieder lockt ein Blick in Patios, die sich schattig und geheimnisvoll geben, um mit elegant geschwungenen Treppen dem Licht, der *planta noble*, zuzustreben. Sie schmücken sich mit ionischen oder dorischen Säulen, die kraftvollen Korbbögen Stütze sind, und auch mit Miniaturen. Da bezaubert hier eine verspielte Schmiedeeisenarbeit über einem Brunnen, dort eine grazile bourbonische Lilie um ein Türschloss. Das sich zu geometrischen Mustern fügende bemooste Kopfsteinpflaster ist mit Terrakottakübeln besetzt, Pflanzen, fast nur Grünpflanzen, unterstreichen den Eindruck von kühler Zurückhaltung. Hier und da wird das Gemäuer aufgelockert durch ein Renaissancefensterchen in seiner spanischen, plateresken Ausformung, wie sie nach dem Besuch Kaiser Karls Mode wurden.

In Can Bordils beispielsweise. Das ist das Reich von Pere de Montaner, blaublütiger Direktor des umfangreichen Stadtarchivs; sein Vater, der Conde de Zavellà, residiert in Can Sureda mit seinem mächtigen Patio, in dem ebenso mächtige korinthische Säulen aus rosa Marmor die Pracht des Anwesens ahnen lassen. Edles Mobiliar, sogar ein Reisebett, das Bourbone Philipp V. der Familie als Dank für ihre Treue im Erbfolgekrieg gegen die Habsburger schenkte, Freskenmalereien mit mythologischen Motiven von Giuseppe Dardarone. Und die Bibliothek! Zehntausend Bände, Schriftstücke vom 13. bis zum 19. Jahrhundert. Wer gleich über zwei Bibliotheken gebietet, darf schon mal mit spitzer Feder die Tempel der Weisheit anderer Edler kommentieren, und das tut Don Pere denn auch genüsslich. So nimmt er beispielsweise Don Antonio aufs Korn: Don Antonio de Villalonga y Perez erbte von seinem Vater eine fantastische Bibliothek, ebenfalls etwa zehntausend Bände umfassend, unter denen sich nicht wenige befanden, die eigentlich in den Giftschrank gehörten oder direkt aus der Hölle kamen, was aufs Gleiche hinauslief. Die meisten stammten nämlich aus dem Haus der väterlichen Schwiegereltern, denn die hatten sich bei der Inquisition als besonders eifrig hervorgetan: ihre Aufgabe war es, indexierte Bücher mit der gebotenen Aufmerksamkeit zu lesen, wie sollten sie sonst ihr Urteil fällen. Doch Don Antonio ging es finanziell nicht so gut, dem Rathaus der Stadt Palma waren Teile der Lektüre zu pikant und es vertat somit eine einmalige Chance, einen solchen Fundus als Ganzes zu erwerben. Auch sonst waren diese Villalongas recht unorthodox, berichtet Don Pere, jedenfalls hielten sie, zur Zeit der ersten Republik selbst Republikaner geworden, anlässlich der Benennung einer Straße Palmas nach dem Revolutionär Joanot

Colom vom Balkon ihres Palais eine flammende Lobrede auf diesen Anführer der Handwerker- und Bauernaufstände, der immerhin etliche Dutzend Adelige umbrachte oder umbringen ließ. Wofür Joanot denn allerdings auch gehenkt, gevierteilt und in selbigen vier Teilen durch die Stadt geschleift wurde. Auch José Francisco de Villalonga aus der weitläufigen Verwandtschaft residiert comme il faut in der Altstadt. »Wir haben das große Glück«, sagt er, »dass unsere Archive nicht von Bomben zerstört oder versehrt wurden. Es gibt noch unendlich viel zu forschen. Dafür kämpfen wir mit einem ganz anderen Problem: die stark eisenhaltige Tinte damals hat viele Dokumente angegriffen, da ist Eile vonnöten, wenn nicht einige Texte unwiederbringlich verlorengehen sollen.« Die Pflege ihrer Bibliotheken lag den Aristokraten so am Herzen, dass sie sie sogar in ihren Testamenten den erstgeborenen Erben ganz besonders anempfahlen, nicht ohne ihnen aufzuerlegen, auch den Brüdern zeitlebens das Konsultieren der Bücher zu erlauben. Das sollen sie auch heute noch tun; sie schicken ihre Kinder zum Sprachenlernen ins Ausland, damit sie Makler, Banker, Ärzte oder Architekten werden oder zumindest auf der Höhe der Zeit sind, indem sie Tourismus studieren, auf dass nicht das Wort Llorenç Villalongas wahr werde, der da lästerte: »Wenn sie einst in ihrem Palast mit seinem Raritätenkabinett die Touristen herumführen, werden die Besucher als größte Rarität ... die Palastbewohner selbst empfinden.«

Er habe ein unbekanntes Volk und ein verstecktes Königreich gefunden, hatte Kaiser Karl bei seinem Abschied gesagt. Doch die Expedition gen Algier, um die Türken das Fürchten zu lehren, wurde ein Fehlschlag; Stürme hatten seine Flotte aufgerieben, bei Nacht und, buchstäblich, Nebel war er nach Palma zurückgekommen, um nur einmal, fast unbemerkt, in Can Burgues, im Unterviertel, zu übernachten. Erst zweihundert Jahre später konnte Antoni Barceló die *moros* endgültig besiegen; er wurde im Unterviertel Santa Creu, nahe der Llotja, geboren, hatte sich aus einfachsten Verhältnissen emporgearbeitet, segelte auf Postschiffen, brachte es zum General und wurde für seine Verdienste geadelt. Auch andere Korsaren und Kaufleute dieses Viertels erwarben sich Reichtum und manchmal einen Adelstitel und demonstrierten das mit ihren Stadtpalästen; auch diese haben weit vorstehende Dächer und ihr Sichtbalkenwerk schmücken einstige Schiffsmasten oder Gallionsfiguren. Ganz in der Nähe prunkt der Palast des Conde de Montenegro, Insidern der Inselaristokratie durch das unorthodoxe Testament seiner Frau bekannt, das lautstarke Erbstreitigkeiten vor Gericht auslöste, Lesern der George Sand, Gefährtin von Frédéric Chopin, ebenfalls, weil man ihr hier die berühmte wertvolle Seekarte von Valseca aus dem Jahr 1439 zeigte, über die sich dann der Inhalt eines Tintenfasses ergoss. Durch Schuld des Domestiken, wie George Sand versichert …

In unmittelbarer Nachbarschaft stehen schmalbrüstige Häuser, von finanzkräftigen Investoren proper saniert, oder mit Wänden, von denen die Farbe blättert, Häuser, an denen sich Erker und schmiedeeiserne Balkons drängen, mit Vogelbauern, in denen Kanarienvögel trällern, wo Hündchen die Schnauze durchs Gitter stecken und die aufgehängte Wäsche auf orange leuchtende Butangasflaschen und kleine Blumentöpfe mit schüchternen Geranien tropft. Aus den Dachrinnen sprießen Grashalme, die Kinder spielen Fußball, es riecht nach Knoblauch, Öl und Wein, man hört, wie in Küchen *tortillas* zubereitet werden, wie Geschirr klappert und die Fernsehsprecher schnarren, die Straße ist Salon. In den Parallelstraßen ziehen unzählige Restaurants, Bars und Pubs ebenso unzählige Nachtfalter an; Jazz- und Salsatöne klingen durch das Gassengewirr, zum Verdruss mancher Anrainer. Sie wetteifern nicht mehr mit kunstvollen Drapierungen, sondern mit vor die Balkons gespannten Bettlaken, auf die sie mit schwarzer Farbe geschrieben haben: Wir wollen schlafen. Die Stadtverwaltung hat die Dezibelschraube angesetzt, um alle zufrieden zu stellen.

Ohnehin gedämpft geht es in einem Stadtpalais, in der legendären Bar Abaco zu; hier kann man bei klassischer Musik an klassischen Cocktails nippen und sich am Anblick Hunderter kunstvoll arrangierter Früchte und Blumengebinde berauschen. Der König soll hier auch schon mal gesichtet worden sein. In Madrid gebe es keine Höflinge, schrieb die Zeitung *El Mundo* mal etwas maliziös, dafür aber auf Mallorca: Statt eines *Grande de España* sei es ein *Grande de Mallorca*, ein Grande der Industrielobby, der Touristenfirmen, des Club Náutico …

Der König und seine Familie sind begeisterte Segler. Vermutlich würde es Juan Carlos I. weniger stören als Karl V., wenn er gegen jedes Protokoll ins Wasser platschen würde.

Dichter und Denker

Der Hafen von Andratx

Es war einmal ein deutscher Immobilienmakler. Der fand, und findet, Mallorca müsse noch mehr entwickelt werden. Das Potenzial sei schließlich da. Er träumte (hörbar), wie es dereinst sein wird auf Mallorca, mit Sportflughäfen und mehr Urbanisationen und mehr Yachthäfen, à la Florida. Es war einmal ein mallorquinischer Schriftsteller. Der fand, und findet, man hätte den massiven Verkauf der Insel unterbinden müssen – »aber der Mallorquiner hat keine Liebe zur Scholle, dafür ist die zum Mammon umso ausgeprägter« –, und er träumte (lesbar) davon, wie es einst war auf Mallorca: *Florida* (blumig) war für Cristóbal Serra damals bestenfalls Madam Flower. Jene reichlich skurrile Engländerin mit ihrer halbvermoderten Yacht im Hafen von Andratx drückte dem kränkelnden Jugendlichen immer wieder Lektüre aus ihrer schwimmenden Bibliothek in die Hand. Nicht die »Fleurs du Mal«, die Blumen des Bösen, sondern die erste Biografie des William Blake; Blake, der den Jüngling so faszinierte, dass er ihn später übersetzen sollte.

Serra, dem man in Palma gerade eine umfassende Ausstellung widmete, weit über achtzig und eine der originellsten und geistreichsten, aber wohl am wenigsten einzuordnenden Persönlichkeiten des spanischen Literaturlebens, verbrachte seine Jugend im Hafen von Andratx und dies hat ihn tief geprägt. »Vielleicht waren es die allgegenwärtigen Segel, die die Segel meiner Fantasie gebläht haben«, sagt der Ramon-Llull-Literaturpreisträger. »Der Port d'Andratx wies schon immer die Besonderheit auf, Licht und Melancholie zu vermählen, das musste sich in meiner Prosa niederschlagen.« Dieser Hafen, den Barbaren in »Düsseldorfer Loch« umtauften (Merke: barbarus, griech.: Fremder, Ausländer, der heimischen Sprache Unkundiger), war für Serra eine Version des Paradieses, weil er dort, »wo die Stille der einzige Begleiter der Schritte ist«, die Poesie entdeckte – Baudelaire, Rimbaud, Bernanos, Montaigne, Blake. In seinen Werken rekonstruiert er eine entschwundene Welt, denn Don Cristóbal wohnt in Palma und ist seit mehr als dreißig Jahren nie mehr in seinen Hafen zurückgekehrt. Wozu auch? Es gibt sie nicht mehr, die Felsen, die im Mondlicht baden, während Fackeln aus Pinienzweigen den Fischern allabendlich den Weg durch die Bucht weisen. Und den rötlichen Wegen aus Lehm hat Asphalt den Garaus gemacht, jenem Lehm, »der so alt ist wie die Menschheit selbst«. Überhaupt, der Lehm: Wer wollte sich jemals noch über den die weißen Gartenmöbel wie die schwarzen Automobile gleichermaßen beklecksenden »Sahara-Regen« ereifern, wenn er Serras »Ode an den Lehm« gelesen hat: Edel sei dieser Lehm, ihn schicke der Himmel. Und es stehen keine Ziegen mehr im Tal der Vollmonde, sondern Zementplatten.

Zementplatten, ibiza-weiß das Auge blendend, fügt auch Stararchitekt Daniel Libeskind zusammen. Er gewann den Architekturwettbewerb für das neue World Trade Center in New York und man ist stolz im Rathaus von Andratx, dass eine solche Berühmtheit für die amerikanische Künstlerin Barbara Weil ein Atelier im Hafen baut. »Mnemonic Cartwheels« nennt er sein Bauwerk und beruft sich auf Mallorcas größten Denker Ramon Llull, denn der habe im 13. Jahrhundert ein System konzentrischer Kreise verwendet, um die Welt zu erklären. In seiner fast fensterlosen konzentrischen Kreation kontrastiert die Höhlung eines kolossal-bizarren Wanddurchbruchs mit den Lichteinfallschlitzen. Libeskind versteht sein Werk als »Komposition, die sich von ihrer unmittelbaren Umgebung absetzt«, und das tut sie denn auch zwischen den sich an die Berge schmiegenden Privathäusern – ein eng gefasster Solitär auf knapp vierhundert Quadratmetern Hanglage, nicht im Häusermeer von Manhattan, sondern über dem Mittelmeer und mit Blick auf eine großartige Naturkulisse.

Vor dieser beginnt tagtäglich ein Schauspiel, das seit Jahren auf dem Spielplan steht und dabei nichts von seiner Faszination eingebüßt hat. Am frühen Morgen verschwimmen Horizont und Himmel oft ineinander, das Meer schwappt träge ans Ufer, bringt Algen mit und lässt sie dort liegen. Möwen stochern mürrisch darin herum und es riecht nach Meer und nach Jod und nach Diesel. Die Masten der Yachten wiegen sich, die Fender ächzen und quietschen. Eine bunte Plastik steht etwas verloren herum, denn was braucht es dieses Requisit, wenn der Hafen schon kunterbunt genug ist und eben keine Attrappe: grüne Netze, blaue Netze, rote Bojen, braune Schwimmerkugeln, Fischerboote in allen diesen Farben in einer von Bergen umfangenen Bucht. Hunde schnüffeln herum und auf einem Balkon stehen fünf ausgewachsene bunt schillernde Pferde. Sie bewegen sich nicht und haben das auch nicht vor, sie sind aus Pappmaschee, Maskottchen einer Bar – Port d'Andratx, ein Hafen für Verrückte, Verruchte und völlig Normale.

Allmählich finden sich die Akteure ein. Die Vorhut machen gegen halb acht die Jogger und die Baguette-Einkäufer, die Handwerker, Hundeausführer und Hausfrauen. Die Zeitungsläden sind bereits geöffnet, die Bars auch; die neuesten Nachrichten konsumiert man zum *cortado* oder *café con leche*. Ein betagter Teilzeitfischer mit Pudelmütze, Gasflasche in der linken, Wasserflasche in der rechten Hand, steigt auf seinen *llaüt* über, ein stämmiges Holzboot mit lateinischem Segel. Aber das wird fast nur noch eingesetzt, wenn der Motor mal streikt. Um neun Uhr öffnen die Supermärkte. Die deutschen *residentes*, wie immer überpünktlich, bilden eine kleine Schlange vor der verschlossenen Ladentür. Sie wollen frische Brötchen, ein Frühstück ohne frische Brötchen ist undenkbar. »Wo das Frühstück doch die wichtigste Mahlzeit ist.« Ein Ausspruch, der jedem Latino für immer und ewig unverständlich bleiben wird, er will sich den Hunger für das ihm viel wichtigere Mittagessen bewahren. Oder für ein paar *tapas*, gegen elf, man isst eh frühestens um zwei Uhr zu Mittag.

Längst sitzen die Fischer an der Mole, gleichmütig flicken sie ihre endlos langen Netze, eine Masche an der Fußzehe befestigt; bei Hitze spendet eine an Stöcke gebundene Wolldecke Schatten.

Sie wundern sich seit langem nicht mehr über die Touristen und darüber, dass sie die absonderlichsten Dinge fotografieren. Die Insassen der Ausflugsbusse treffen gegen zehn Uhr ein und werden für eine Stunde zum Freigang entlassen. Die Besitzer der Andenkenläden schieben ihre Rollläden hoch, und Socken in Sandalen, kurze Hosen, kurzärmelige Hemden und clowneske Käppis, vorzugsweise und der Einfachheit halber allesamt in Beige, schieben sich in die Läden. Oder sitzen beim geringsten Sonnenstrahl draußen, nach dem Zwiebelprinzip schon bald lediglich in Spaghetti-Tops, wenn die Südländer noch ihre Wintermäntel tragen und sich ins Innere des Lokals verziehen. Die beigefarbene Karawane zieht weiter, zu anderen Ausflugsorten.

Zur Aperitif-Stunde kreuzen die Sonnenbrillenleute im Designer-Outfit samt besseren Automobilmarken auf, Geschäftsleute aller Art. »Kein Problem, der bringt Cash mit«, tönt es gerade in ein Handy, die Parkplätze werden knapp. Auf den Booten ist man am Werkeln, die Schleifmaschinen sirren und es riecht nach Farbe. Ramon kommt mir entgegen, Ramon weiß alles, Ramon fährt Taxi. Er weiß, wo die Drogenleute sitzen, wer wann die Hand auf- und den Mund zumacht; er fährt die Leute, die drei über den Durst getrunken haben, und davon muss er sich erholen, auch er hat einen *llaüt*. »Ach, Señora«, sagt er, »ich fahr jetzt zur Dragonera, fischen, mein Ausgleich zur Straße, das brauch' ich einfach.« Schließlich hat Mallorca neben Singapur und Tokio die höchste Verkehrsdichte der Welt. Und in Palma, sagt er, da fürchtet er jeden Samstagmorgen um sein Leben, wenn die jungen Leute aus den Discos kommen und voll mit Alkohol oder Drogen oder beidem über den Passeig Marítim kurven. Die Sonne steht höher, nun sind sie alle da, umlagern die Bartresen und diskutieren über die großen und kleinen Probleme der Welt, der Patron mit dem Arbeiter, der Fischer mit dem Wasserwagenfahrer, der Cabrioartist mit dem Blechbüchsenjongleur. Highnoon im Port d'Andratx.

Zur Essenszeit sind fast alle wie von Zauberhand verschwunden, essen zu Hause oder auf einer der Restaurantterrassen direkt am Wasser. Doch am Nachmittag geht das Schauspiel weiter. Da kommen die Mamas mit hochbeinigen Jeeps voller blonder, blauäugiger Kinder an, meist eine Fahrgemeinschaft, die »die Kids« aus den Privatschulen Palmas abholt. Die Fischerboote rauschen in die Bucht, sind sofort von Seh-Leuten umlagert, und die Fischer, in gelben Gummistiefeln und gelben Gummischürzen, sortieren die *gambas* und anderes Meeresgetier. Fischer und Seeleute haben bereits 1659 in dem 1391 zum ersten Mal dokumentierten Ort eine Zunft gegründet. Einträglicher als das Fischen war eine Zeit lang der Schmuggel, doch inzwischen ist die Fischerei wieder ein wichtiger Wirtschaftsfaktor, hier gab es auch die erste Fischfarm in ganz Spanien und viele *serviolas,* Bernsteinmakrelen, und *doradas,* Goldbrassen, der Speisekarten stammen aus schwimmenden Käfigen.

Hoch auf dem gelben Lieferwagen wird hier eine ausgewachsene Palme, dort ein vielhundertjähriger Olivenbaum zu seinem neuen Domizil kutschiert, in eine der zahllosen Urbanisationen, die wie Bienenwaben an den Hügeln kleben. Nach La Mola vielleicht, das ist besonders exklusiv, der Blick dort ist es auch; er fällt auf das Königsblau von Himmel und Meer, das in den kleinen *calas*, Buchten, türkis und transparent wird, und auf schroff eintauchende Felsen. Am Horizont verliert sich das eine oder andere Segel, aber die versetzen niemanden mehr in Angst und Schrecken, deshalb trutzt der Wachturm Sant Carles vor sich hin, einzigartig auf Mallorca wegen seiner Ausmaße und der dem Hang angepassten Bauweise. Er ist längst arbeitslos, bis zum 17. Jahrhundert warnte er mit Rauch- oder Feuerzeichen vor anrückenden *moros*. Die verheerten die Dörfer und verschleppten die Bevölkerung in die Sklaverei. Nun sind die *moros* mit friedlichen Absichten und zur großen Freude der Immobilienmakler wieder da; ein Neffe des Königs von Saudi-Arabien kaufte gerade etwas für knapp unter zehn Millionen Euro; Interessenten aus dem arabischen Raum haben ihre Liebe zu Mallorca entdeckt. Keine Krise im First-Class-Bereich, versichert der Makler.

Auch die Geldbörsen der *moros rossos*, der blonden Moros, wie die Deutschen hier heißen, sind gut gefüllt. Die Bevölkerung lässt sich nicht mehr in die Sklaverei entführen, sondern macht Geschäfte mit den Investment-Invasoren.

Aber man geht nicht hin, wenn die deutschen Geschäftsleute – Immobilienbüros, Einrichtungshäuser, Boutiquen – ein Hafenfest organisieren. Als reichte es nicht ohnehin mit der Deutschtümelei. »Zwei Tage lang bieten wir Ihnen ein bunt gemischtes Programm … Unser Motto: Gemeinsam unseren (unseren? ›Klar, schließlich zahlen wir Steuern‹)

Hafen erleben.« Folglich singt Charlie aus Bavaria zum Akkordeon unverdrossen direkt neben den bunten Fischnetzen in einem der schönsten Häfen am Mittelmeer von den schönen bayerischen Bergen und den Holzhackerbuam; die Klientel, fast nur Deutsche, sitzt an langen Tischen und Bänken à la bayerischer Biergarten und spricht rheinländisch. Die Mallorquiner, Exoten im eigenen Land?

»Nicht wir sind die Immigranten, sondern sie. Wir leben seit Jahrhunderten hier.« Sie sehen das ganz locker und machen mit kaum verhüllter Genugtuung ihre Witzchen über die *alemancitos*, die sie immer mal wieder auflaufen lassen, denen man aber auch die Anerkennung nicht versagt: »Neulich bestellte ich in Peguera mal einen Tio Pepe. Das verstand der nicht, war ein *alemancito.* Also sagte ich ›Sherry.‹ ›Ah‹, sagte er, ›Cherry‹, und kam mit einem Kirschschnaps zurück. Aber das muss man ihnen lassen, als er's kapiert hatte, war er zwanzig Minuten später mit einer funkelnagelneuen Flasche Sherry wieder da.« Und diese r(h)ein deutsche *fiesta*? Die stört sie nicht, interessiert sie nicht, außerdem kann man dann schön *moros rossos* gucken gehen: Küsschen links, Küsschen rechts, bei dieser südländischen Sitte jedenfalls sind sie voll assimiliert, und so viel blond oder rötlich gefärbtes Haar, lila ausgemalte Münder, so viel goldbeklunkerte, goldapplizierte Nordeuropäer in Glitzerjacken und Schlangenschuhen wie hier bei Charlies Holzhackerbuam sieht man sonst kaum auf einem Fleck. Den Smalltalk über Sportwagen, Golf, Partys und ihre Boote, den gehässigen Klatsch der deutschen Enklave – »l'enfer c'est les autres«, sagte Sartre – verstehen sie nicht; ihr lässig in die Runde geworfenes Insider-Wissen ist für sie uninteressantes Wissen von Outsidern. Die haben ihren verfetteten Hündchen ein Halsband umgebunden. Oder ein keckes Sonnenhütchen mit Schirm über die Ponyfransen gestülpt. Da konnten die Ziegen im Tal der Vollmonde nicht mehr mithalten. Deswegen ist Don Cristóbal, Ramon-Llull-Literaturpreisträger, seit mehr als dreißig Jahren nicht in seinen Hafen gekommen.

Lluc a peu

Eine nächtliche Wallfahrt

Eigentlich müsste Vollmond sein, oder fast Vollmond. Das hat keine spiritistischen oder esoterischen Gründe, sondern praktische. Denn da laufen etwa elftausend Menschen durch die Nacht, laufen 48 Kilometer zu Fuß, von Palma zum Kloster Lluc. Warum? Das weiß man nach spätestens zwanzig Kilometern nicht mehr. Welcher Wahnsinn hatte mich befallen? Gewiss, ich bin viele Male auf über dreitausend Metern in dünner Andenluft gewandert, stieg mehrmals auf den Huayna Picchu, nur um den Blick auf den Machu Picchu genießen zu können; auch nicht gerade ein Spaziergang. Wie gern wandere ich vom Coll de sa Gramola zur Trapa hinunter, auf einem der schönsten Wanderwege Mallorcas. Da ist man auch seine vier Stunden unterwegs über Stock und Felsgestein.

Aber 48 Kilometer? Ich muss ein Blackout gehabt haben. Es war so nett, bei dem Vereinsabend, an dem die letzten Einzelheiten der Organisation durchgesprochen wurden. Und sie nehmen dich sofort in ihren Kreis auf. Einmal in der Woche trifft man sich in der Nähe des Carrer Aragó. Hier gibt es noch die kleinen Läden mit Kurzwaren oder Kolonialwaren, wo jeder Kunde König ist und jeder jeden kennt. Im Vereinslokal werden alle Trophäen, Zeitungsberichte und Abzeichen an Wänden und Regalen vom Neonlicht gebührend ausgeleuchtet und als Erstes wird mir stolz die Küche gezeigt, natürlich soll ich gleich mitessen.

1974 war die Idee der *marxa*, des Marsches, entstanden, von manchen als Protest gegen Franco gedeutet, aber Franco war ein Jahr später tot und auch 1974 nicht mehr sehr lebendig. »Das war eine Schnapsidee, als wir mal im Freundeskreis zusammensaßen«, erzählen sie. »Die Leute sind ja schon immer nach Lluc gepilgert, von irgendwo auf der Insel aus. Um der Moreneta zu danken oder sie um etwas zu bitten. Aber der Marsch ab der Bar Güell, *Des Güell a Lluc a Peu*, das ist so unter uns entstanden, und ganz schnell ist ein Volkslauf daraus geworden.«

»Es war mehr die Vorstellung von einem Gemeinschaftserlebnis. Sportlich, aber ohne jeden Wettkampfgedanken. Es sollte vor allem ein Zeichen der Mallorquinität setzen«, sagt Tolo Güell denn auch. »Und wer hier wohnt und hier bleibt, ist Mallorquiner«, bekräftigt er, »also bist du Mallorquinerin.« Sein Wort hat Gewicht. Aber musste ich meine Mallorquinität unbedingt unter Beweis stellen, indem ich mitlief? Was hält mich aufrecht? Oder am Laufen, wie eine aufgezogene Puppe? Die Vorstellung der Massage, die man sich bei Ankunft geben lassen kann? Die Schuhe quälen mich nicht, sind lange genug eingelaufen, Blasen habe ich auch noch keine, aber die Füße sind Blei und bei jedem Schritt zwei Millimeter über dem Boden. Maximal. Wie der Mechanismus zwischen Knien, Oberschenkeln und Rumpf funktioniert, weiß ich nicht mehr. Wusste ich schon nach zwanzig Kilometern nicht mehr.

Tolo Güell wurde in einer Bar geboren, hinter

einem Bartresen wuchs er auf, eine Bar führte er selbst. Die Bar Güell war eine Institution. Von dort starteten die ersten *marxes*. Doch wie das Leben so geht, er verkaufte sie. An eine Bank. Immerhin gibt es in der früheren Bar, auch wenn sie jetzt eine Bank ist, etwas zu trinken, für geladene Gäste, wir stoßen auf das Gelingen der *marxa* an, die nach wie vor von hier startet. Auf der *plaça* herrscht Jahrmarktstimmung, Hunderte warten auf den Startschuss. Die Folkloregruppe auf der Bühne der *plaça* tanzt Volkstänze, *ball de bot*, bald tanzen die Zuschauer mit. Erst aber weiht der Bürgermeister noch eine Bodenfliese ein, mit Fußabdruck, gewidmet dem anonymen Wanderer nach Lluc. Die Stelle ist mit Wandelröschen bepflanzt, die haben die rotgelbe mallorquinische Farbe.

Jedes Jahr wird auch eine Persönlichkeit der Stadt geehrt, diesmal trifft es Camilo José Cela Conde, den Sohn des Nobelpreisträgers. Aber man kann sein eigenes Wort nicht verstehen und das von ihm schon gar nicht. Die Organisatoren haben Hemden aus Flaggenstoff mit den Inselfarben an. Zwei Feuerwerksraketen zischen in den Himmel, die dritte zündet Tolo persönlich.

Es ist warm, fast heiß noch, wie es in der ersten Augustwoche so ist auf Mallorca, abends gegen zehn. Da wartet man auf eine Brise, erst dann beginnt man zu leben.

Unterwegs, an bestimmten Wegabschnitten, werden bereitgehalten: zehntausend Kilo Obst, zehntausend Rationen Joghurt; Limonade und Cola; zehn Wasserwagen zu je zehntausend Litern, sechs Reservewasserwagen, ein Wasserwagen zum Duschen, hundert Ärzte und Krankenpfleger, Helikopter, fünfzig Krankenwagen, ein Feldlazarett. Nun braucht man nur noch beruhigt loszulaufen. Nicht vor der Zeit, denn vorher ist dieser ganze Hilfs- und Verpflegungsapparat noch nicht im Einsatz. Einen gelbgrün fluoreszierenden Teilnehmerausweis hat auch jeder bekommen, meiner hat die Nummer 5004, den muss man sich ankleben. Die Landstraße zwischen Palma und Lluc ist zwar für den Autoverkehr gesperrt, aber trotzdem. Man sollte sich registrieren lassen, schon im eigenen Interesse.

Es ist elf Uhr nachts und etwa elftausend Leute laufen los. Viele sind zwischen sechzehn und zwanzig Jahre alt und machen sich einfach einen Riesenspaß daraus. Sie haben Kofferradios unter den Arm gequetscht und tragen eine gigantische mallorquinische Flagge; die meisten haben ohnehin nur vor, die Gaudi im Freizeitpark Foro de Mallorca hinter Binissalem enden zu lassen. Das ist etwa ein Drittel der Strecke. Aber es gibt auch andere, die nehmen das Ganze verbissen ernst. Ein Weißhaariger mit blauen Augen startet flott zu Marschmusik aus dem Walkman. Recht hat er, da muss er zumindest nicht die Schauermusik aus den Kofferradios hören. Und sonst: Freundescliquen, Liebespaare, alte und junge Ehepaare, Einzelgänger, Sportler, ganze Familien, gläubig oder nicht. Am Stadtrand haben Dutzende von Anrainern ihre Stühle auf den Bürgersteig gestellt und kommentieren das Geschehen. In Santa Maria strahlt noch alles. Die Kirche ist hell erleuchtet. Santa Maria del Camí, Santa Maria vom Wege. Das war früher die Ross- und Reiterstation, wo man Pferde wechselte und einkehrte. Das kann man auch heute noch, es ist längst nach Mitternacht und die Bars sind proppenvoll. Viele haben die halbe Wohnzimmereinrichtung aufs Trottoir geräumt und sich einen Logenplatz gesichert. Die Stände der Helfer sind schon umlagert, sie geben Wasser und Cola aus. In Binissalem freuen sich sämtliche Dorfhunde über die Abwechslung. Sie sind den Läufern gottlob allesamt freundlich gesinnt. Auch Hundebisse werden in den Annalen der *marxa* verzeichnet, als »besondere Vorkommnisse«, aber meist passiert das nur, wenn man der Versuchung nachgibt, Wegabkürzungen zu nehmen, die über Privatgelände führen, das man nicht kennt.

Wer hier schon Blasen an den Füßen hat, muss ziemlich lange warten; der erste Zug zurück gen Palma fährt erst gegen sechs Uhr morgens.

Das Ehepaar mit seinen fünf Kindern ist auch noch dabei. Meist läuft es so ab, dass die Kleinen bis Santa Maria mitlaufen, die Größeren bis Binissalem, die ganz Großen bis zum Schluss. Um den jeweiligen Rücktransport kümmern sich Familienangehörige. Oder aber man teilt die Strecke über mehrere Jahre ein: zuerst bis Santa Maria, im nächsten Jahr bis Binissalem und so wandert man immer weiter. Die Menschenschlange hat sich derweil ganz schön in die Länge gezogen. Und tatsächlich beginnt sie sich am Foro de Mallorca merklich auszudünnen. Übrig bleiben diejenigen, die es ernster meinen. Einer lief mal nach Lluc mit einer in die Ferse eingetretenen Reißzwecke. Ein anderer Teilnehmer trug zwei Bronzekandelaber zur Moreneta, mit deren Darbietung er die Madonna bat, die Drogen abzuschaffen. Wieder ein anderer fuhr im Rollstuhl hinauf. »Der soll auch mal was tun«, hatte er gesagt, dabei bestehen die letzten zehn Kilometer fast nur aus Steigung. Eine Französin älteren Jahrgangs kommt jedes Jahr Anfang August nach Mallorca, erzählt sie mir, nur um die *marxa* mitzumachen. »Es macht mir einfach Freude«, sagt sie; eine andere Frau legte die Strecke mit 75 Jahren barfuß zurück.

In der Ferne blinzeln die vielen Wunderkerzen eines Weihnachtbaums. Weihnachtsbaum im August? Es ist die tagsüber staubhässliche Zementfabrik von Lloseta. In der Nähe von Lloseta gibt es noch mehr Eigentümliches. Da ist zwischen zwei und drei Uhr morgens ein gigantisches Lokal geöffnet, mitten in der Landschaft, in dem Eltern mit ihrem Nachwuchs sitzen, der so zwischen zwölf und vierzehn ist und Karaoke singt. Meist haarsträubend einen Ton neben der Begleitmusik; die Eltern sitzen dabei, rauchen, trinken ihr Bier, vielleicht hoffen sie auf eine Karriere des Sprösslings. Die Madonna in der Pfarrkirche von Lloseta dürfte sich grämen. Sie ist die älteste romanische Marienstatue Mallorcas, eine schlichte, naive Figur mit großen mandelförmigen Augen. Mit der Zementfabrik hat sie sich vielleicht abgefunden, weil deren viele Lichter nachts so sternengleich funkeln, aber Karaoke?

Längst sind die Kofferradioträger fort, wer überhaupt noch spricht, spricht gedämpft. Hier und da blinken Taschenlampen, eine Art Gemeinschaftsgeist kommt auf, man wechselt einige Worte, ermutigt einander, überholt, wird überholt und wird doch jetzt nicht mehr aufgeben. Oder? In Selva gibt es Kaffee, dick und stark und süß. Weiter. Es ist endlos und dunkel. Irgendwo bei Caimari beginnt die Steigung. Und die Gefahren nehmen zu. Der fehlende Schlaf wird quälend, die Glieder schmerzen, von scheuernder Wäsche ganz zu schweigen. In Caimari, da kommt der große Knick. Wenn man die Strecke x-mal mit dem Auto gefahren ist, dann weiß man, gleich ist man in Lluc. Gleich? Zehn Kilometer sind es. Zehn, und achtunddreißig ist man schon gelaufen, geschlichen, gehumpelt, geschlurft. Auf den Autokarten ist die Strecke immer als landschaftlich besonders schön eingezeichnet. Sie ist es tatsächlich. Irgendwann ahnt man die Silhouette der Berge. Und es stellt sich ein kleines Glücksgefühl ein.

Schafglocken bimmeln, Hähne krähen. Es duftet nach Erde, Laub und Dung. Die Welt scheint in fahles Silber getaucht, die Steine, die Blätter der Ölbäume, die Berge, alles. Irgendwo gibt es Wasser. Oder Cola für den kleinen Kick nach dem Knick.

Der Helfer erklärt mir, wie viele Millionen Peseten man ausgegeben habe für die Versicherung der Teilnehmer. Wie tröstlich. Am Salt de la Bella Dona soll einmal ein Mann seine Frau in den Abgrund gestoßen haben. Dann ist er weitergelaufen, um in der Kirche von Lluc zu beten, zu seinem Entsetzen saß seine Frau schon dort, ins Gebet vertieft. Gustave Doré war hier, um Landschaftsskizzen für Dantes Fegefeuer zu entwerfen. Man beginnt zu verstehen, warum. Hier am Salt werden die bedrohlich herangerückten Berge von der aufgehenden Sonne blutrot gefärbt, die Luft ist kühl und es riecht nach Moder. Gleich darauf schieben sich dicke Wolken über den Berg und verwandeln die Landschaft in graue Watte. So als würden die

Wettergötter ihren Schabernack treiben; das fein geriffelte Karstgestein bündelt den Wind, der nun stärker weht und frösteln macht. So viele Sünden kann man gar nicht begangen haben. Da hinten wartet das gelobte Land. Davor lauert Unfallgefahr. Müde Beine, müde Sinne, rutschige Steine, rutschige Stimmung.

Nie mehr, hatte ein Student irgendwo bei Selva seinem Freund geschworen. Nie mehr. Der war schon ein paarmal mitgelaufen und hatte ihn überredet.

»Die Kirche liegt wie versunken, wie ein Pantheon, das die großen Berge gebildet haben. Die heilige Jungfrau sieht ihre Insel nicht. Sie fühlt sie unter sich. Sie fühlt sie in ihrem Innern, und man meint, dass sie diesen Platz ausgesucht hat, um den Herzschlag der Insel besser hören zu können. Wenn die Inseln eine Seele haben, so befindet sich die heilige Jungfrau hier an der Stelle, wo die Seele ist«, schrieb Santiago Rusiñol um 1924. Doch das Gefühl für Poesie muss im Moment irgendwo auf der Strecke geblieben sein. Immerhin ist die Sonne wieder da und wärmt schon. Und dann liegt vor mir der Klosterkomplex inmitten dieses gewaltigen Bergmassivs. Man will sich nur noch setzen oder langlegen oder massieren lassen, nur eines nicht mehr: die Last dieses Gewichts auf den Beinen spüren. Man will die brennenden Fußsohlen in einen Kübel mit Eiswasser stecken und schlafen. Noch ist es kein bisschen feierlich. Schlangestehen überall. Vor dem Komitee, das die Teilnehmerurkunden austeilt, vor den Massageliegen, wo an die zwanzig diplomierte Masseure und Masseurinnen sich ehrenamtlich der gepeinigten

Gliedmaßen annehmen, vor dem Bus, der einen zurück gen Palma bringt. Viele statten der Moreneta, der Muttergottes mit der braunen Hautfarbe, einen Besuch ab, die Organisatoren bringen ihr Blumen. Morgen wird die Zeitung auch von Verstauchungen, Verrenkungen, Zerrungen und Schwächeanfällen berichten. Von elftausend haben immerhin etwa sechstausend durchgehalten. Am Bus wartet auch der Nie-mehr-Student; seine Urkunde schwenkend ruft er mir noch zu, dass er im nächsten Jahr ganz bestimmt wieder mitmachen wolle.

Aber ich nehme jetzt keinen Bus. Ich möchte mich einfach irgendwo in die Landschaft setzen; gegen Abend, wenn sich alles verlaufen hat, wird Lluc ein Ort der Ruhe. Und nachher will ich der Moreneta mal wieder einen Besuch abstatten. Sie hat liebliche feine Gesichtszüge. Ein Hirt, Lukas (Lluc), soll sie einst im Gestrüpp gefunden haben; der Pfarrer brachte sie in die nahe Kirche. Doch am nächsten Tag war sie einfach verschwunden, wieder an ihrer Fundstelle. Erneut gab man ihr einen Platz in der Kirche. Und wieder zog es sie zurück zu ihrer Fundstelle. Nun hatte man verstanden und baute ihr dort eine erste Kapelle, die ständig vergrößert wurde, um die vielen Wallfahrer aufnehmen zu können. Heute finden fast eine Million Gläubige im Jahr den Weg hinauf, und wer kann, hört dem Knabenchor zu, der schon im 16. Jahrhundert gegründet wurde und jeden Vormittag das Salve singt. Die Moreneta wurde wohl zwischen dem 13. und 14. Jahrhundert geschaffen. Vielleicht war sie in der Araberzeit wirklich in dunkler Erde vergraben gewesen und hat daher ihre braune Hautfarbe. Man muss nicht alles wissen. Der mallorquinische Nationaldichter Costa i Llobera schrieb 1883 in seinem »Gesang der Pilger«, Lluc bedeute für den Mallorquiner geistige Heimat im weitesten Sinne des Wortes. Und was Santiago Rusiñol mit der Seele der Insel meinte, verstehe ich bei der Moreneta in dieser großartigen Berglandschaft mit ihren schwarzgrünen Steineichenwäldern nun auch wieder.

Die erste Erschöpfung ist wohliger Müdigkeit gewichen. Dreimal hätte ich fast aufgegeben. Zwischen den Kofferradios. In der Nacht, irgendwo. Beim Anblick des Zehn-Kilometer-Schildes in Caimari. Ich bin froh, sogar glücklich und auch ein bisschen stolz. Dennoch: Wiederholungen sind oft schal, für mich soll es ein in jeder Hinsicht einmaliges Erlebnis bleiben.

Der Schnee von gestern

Wenn die Mallorquiner ihr weißes Wunder erleben

Hi ha neu a la muntanya, in den Bergen hat's geschneit. So beginnt die erste Strophe eines hiesigen Weihnachtsliedes.

»Warme Kleidung einpacken. Batterieladekabel mitnehmen. Frostschutzmittel nicht vergessen. Auf keinen Fall das Handy zu Hause lassen. Volltanken. Straßenzustandsbericht abhören. Und überhaupt: Das Auto nur in dringendsten Notfällen benutzen. Und wenn, dann Schneeketten mitnehmen. Reifendruck und -zustand überprüfen. Von den Winterreifen natürlich.«

Spätestens bei diesem Stichwort wird klar: Was da fast klingt wie Anleitungen für eine Südpolexpedition, sind Verlautbarungen von Polizei und Straßenverkehrsamt und nur allzu berechtigt. Winterreifen?! Wer hat die hier schon. Man kann fast von Glück sagen, wenn sich nicht halb Mallorca mit total abgefahrenen Sommerreifen auf den Weg macht in die Berge, denn da hat es schließlich geschneit.

Schnee gucken fahren! Wenn Mallorca sein weißes Wunder erlebt, dann ist kein Halten mehr, dann nehmen die Erwachsenen das Bibelwort »wenn Ihr nicht werdet wie die Kinder« ganz wörtlich.

Zunächst einmal werden die Sängerknaben vom Kloster Lluc, die dort im Internat wohnen, kurzerhand nach Hause geschickt. »Dort sind sie besser aufgehoben. Falls wir von der Außenwelt abgeschnitten werden«, erklärt ein Schulsprecher. »Denn draußen spielen können sie auch nicht, es ist viel zu kalt« (minus vier Grad …). Um ein völliges Chaos zu verhindern, wenn 56 Eltern 56 Schüler mit 56 Autos auf der meistbefahrenen Gebirgsstraße der Insel abholen wollen, wird ein Sonderbus eingesetzt, der bis ins Flachland, bis nach Inca fährt.

Aber chaotisch wird es natürlich trotzdem. Sollte nämlich der Schnee an einem Wochenende fallen, dann rutschen und schlittern Hunderte von Schneegucker-Autos mit Urahn, Großmutter, Mutter und Kind in die Serra de Tramuntana. Hunderte? An diesem Wochenende wurden vierzigtausend gezählt. Ob sie wohl das Frostschutzmittel überprüfen ließen? Vielleicht haben sie ein Handy dabei. Vermutlich aber keine Schneeketten. Dafür jedoch jede Menge verfremdete Wassersportgeräte: Bodyboard und Surfbrett als Schlittenersatz. Und da man das mit den Winterreifen ohnehin vergessen kann, da manch Traktor zweckentfremdet werden muss, weil Räumgeräte rar sind oder selbst stecken bleiben, wie eine Tageszeitung schadenfroh meldete, da man sich also das Räumen der Straße an der einen oder anderen Stelle auch mal sparen will, wartet die Guardia Civil am Fuße der Berge, um Unerschrockene gleich dort abzufangen. Oder aber sie sperrt kurzerhand neuralgische Punkte der Gebirgsstraßen. Schlaumeier, die trotzdem durchrutschen und erwischt werden, ob im Straßengraben oder quer mitten auf der Straße, müssen 96 Euro berappen.

Aber sonst ist die Polizei durchaus kollaborativ, ist wahrhaft Freund und Helfer. Denn wo sonst gibt es das wohl noch, dass die Beamten eines Polizeireviers Schüler für Schüler zu Hause anrufen, um ihm zu sagen, er solle weiterschlafen, die Schule falle aus, es habe geschneit? So geschehen in der Serra de Llevant. Dort fällt der Schnee nun wirklich noch seltener als in der Serra de Tramuntana, alle Jubeljahre nur, gewissermaßen, und dann ist der Jubel umso größer. In den Schulen, die geöffnet bleiben, weil einige vom Schneefrei nichts erfuhren, liefern sich die wenigen Lehrer mit den wenigen Schülern Schneeballschlachten und bauen Schneemänner. »Heute feiern wir den Tag von Sankt Schnee«, jubelt Tomeu.

Und ein Pensionärsehepaar hat schon fünf Filme verknipst. »Für unsere Enkelkinder«, sagen sie dem Reporter. Der Schnee von gestern ist den vier Tageszeitungen der Insel nämlich jeweils acht bis zehn Seiten wert. Das gebe es nur auf Mallorca, dass die Absenz an den Arbeitsplätzen wegen Schneefalls höher sei als wegen Grippe, mäkelt ein offenbar völlig humorloser Zeitungskolumnist. Was zählen solche coolen Berechnungen gegen die Emotionen, die hier freiwerden. Die Schüler seien *emocionadísimos*, zutiefst bewegt, erzählt eine Lehrerin.

Die Landschaft ist überpudert wie sonst nur die *ensaïmades* und ein kleines Mädchen blickt verwundert auf die Fußspuren, die es im Schnee hinterlässt. So etwas gibt es sonst nur am Strand. Richtigen Schnee anfassen können! Aber fahren nicht einige im Februar in der *semana blanca*, in der weißen Woche, mit der Schule zum Skilaufen? Ja, einige schon. Aber eben längst nicht alle. Und außerdem ist das in den Pyrenäen. Und das ist etwas *ganz* anderes als hier auf der Mittelmeerinsel. »Das hier war wie im Fernsehen«, sagt ein Schüler. »Das werde ich mein Leben lang nicht vergessen.«

Mallorquinische Weihnacht

Das Orakel der Sibil.la, die Spinnennetze im Stall von Bethlehem und der Zucker der Inselheiligen

Drei rollbare Öfchen mit Butangasflaschen, der Dauerbrenner für alle Heizprobleme auf Mallorca, stehen in dem großen Kirchenschiff. Die Kirche füllt sich schnell, das wärmt auch ein bisschen. Um dennoch einen Platz in Ofennähe zu bekommen, sind wir immer früh da. Später gibt es nur noch Stehplätze, denn alle wollen die Sibil.la singen hören.

Wer die Zukunft voraussieht wie die weissagenden Sibyllen im Griechenland und im Rom des Altertums, war schon immer sehr gefragt. Keine Kirche Mallorcas – und nur Mallorcas –, in der nicht am Heiligabend eine Sibil.la auftritt. Der Brauch geht auf die Sibylla von Erythrä zurück; sie soll in ihrem heidnischen Orakel über das Ende der Welt bereits Jahrhunderte vor Christi Geburt die Ankunft eines Messias prophezeit haben. Der heilige Augustinus ist es gewesen, der im griechischen Originaltext der 27 hexametrischen Verse ein Akrostichon ausmachte und damit erkannte, dass deren 27 Anfangsbuchstaben einen Spruch ergeben: IHSOYS XREISTOS ZEOY YIOS SOTHR, übersetzt: Jesus Christus Gottes Sohn Salvator. Augustinus entdeckte aber noch mehr. Die Anfangsbuchstaben der fünf griechischen Wörter dieses Akrostichons ergeben wiederum ein Wort: Ixzys: Fisch – das Symbol der frühen Christenheit.

Die Karriere der Sibylla in den christlichen Kirchen des Mittelmeerraums begann, als man das Orakel in das Stundengebet von Heiligabend aufnahm. Im Mittelalter hatte sie noch Konkurrenz, denn der Text des Augustinus war um eine weitere – fälschlich ebenfalls ihm zugeschriebene – Passage erweitert worden. Darin mussten sich Propheten des Alten und des Neuen Testaments etlichen Fragen zur Ankunft des Salvators stellen und man fing an, das Ganze als Drama, eine *processió dels profetes,* aufzuführen, in dem die Kanoniker den Moses, David oder Jeremia spielten. Anno 1399 verzeichnet das Haushaltsbuch der Kathedrale von Palma Ausgaben für »Diademe« (wohl für David und Nebukadnezar) und »zwei vergoldete Hörner« für Moses; später hat man sich zusätzlich in Kosten für die Anfertigung von »falschen Bärten«, von »Gesetzestafeln« und »Kostümen« gestürzt. Die Kanoniker übernahmen damals auch den Part der Sibil.la (wie es heute noch in Alghero auf Sardinien üblich ist), bis sich schließlich die Sitte einbürgerte, sie von einem »wie ein Fräulein hübsch angezogenen Knaben« singen zu lassen. Heute haben Sängerknaben, Mädchen aus dem Dorf oder ausgebildete Opernsängerinnen die Ehre.

Dabei hing dieser Brauch vor Jahrhunderten schon einmal am seidenen Faden! Nun gut, es war kein seidener Faden, es war eher eine grobe Schnur, von einer Kirchenwand zur anderen gespannt. Daran hingen eine *coca de nadal*, ein Weihnachtskuchen, und *neules*, Oblaten: hübsch geformtes weißes Gebäck aus Mehl, Wasser und Zucker. Vermutlich hörte die Gemeinde nur halb zu, wenn die Sibil.la von Tod und Verderben, von Feuer und

Schwefel, vom Ende der Welt, aber auch von der Ankunft des Weltretters sang, weil alle auf den Clou warteten. Da hieb sie mit dem Schwert, das sie während ihres apokalyptischen Gesangs gehalten hatte, besagte Schnur durch, und das Kirchenvolk, allen voran die Kinder, balgte sich um das Naschwerk, das da auf den Fußboden regnete; viel mehr konnten arme Leute zu Weihnachten ohnehin nicht ergattern. Kein Wunder, dass dieser Tumult dem Bischof von Mallorca ein Dorn im Auge war und er im Jahre 1666 kurzerhand und unter Androhung der Exkommunikation die weitere Aufführung der Sibil.la verbot. Doch was ein knappes Jahrhundert zuvor selbst dem Papst zum Tridentinischen Konzil nicht gelungen war, schaffte der Bischof schon gar nicht. Bis zum Konzil war diese quasidramatische Weihnachtsfeier in Frankreich und Italien, in Kastilien und in Katalonien populär, nach ihrem Verbot hat sie sich nur auf Mallorca und im katalanischsprachigen Städtchen Alghero auf Sardinien bis in die heutige Zeit retten können. Und es gibt keinen Tumult mehr. Die brav auf den Kirchenbänken wartende Gemeinde leidet nämlich mit der Sibil.la, die gleich ihren großen Auftritt hat und in den Kirchenraum schreiten wird, angetan mit Tunika und Turban und ein Schwert – das Schwert des Goliath – in den Händen.

Da auf Mallorca sowieso (fast) jeder jeden kennt, und das gilt besonders für eine Kirchengemeinde, kennt jeder auch die Sibil.la. Wie wird sie diesmal singen? Hoffentlich ist sie nicht heiser? Die weißen *neules* werden nicht mehr mit dem Schwert heruntergeschlagen, da man sie ohnehin nicht essen kann; sie sind aus Papier, nicht mehr aus Mehl, Wasser und Zucker. Dabei würde genau der gegen Heiserkeit helfen! Zumindest half der himmlische Zucker, den Santa Catalina Tomàs, die Inselheilige aus Valldemossa, herbeigezaubert hatte. Auch in ihrem Kloster, in Santa Magdalena zu Palma, wurde die Sibil.la aufgeführt. Die Novizin, die diese Rolle übernehmen sollte, kam am Vortag ganz aufgeregt zu ihr: sie sei völlig heiser, so könne sie morgen bestimmt nicht auftreten. Doch Catalina beruhigte sie: zwar gebe es in einem Kloster keinen Zucker, aber sie solle den Himmel nur machen lassen. Der hat natürlich seiner späteren Heiligen über Nacht Zucker zukommen lassen, den sie der überglücklichen Novizin gab. Die darob wie zu erwarten mit Engelsstimme sang. In der Inselikonografie wird Catalina Tomàs denn auch häufig mit einem Häufchen Zucker dargestellt. Aus dem Kloster Santa Magdalena – die Heilige ist dort in einem gläsernen Sarg bestattet – stammt auch die älteste mallorquinische Version der Sibil.la, ein Liedbuch mit katalanischem Text, Anfang des 15. Jahrhunderts »zum Gebrauch in den Kirchen Mallorcas« in Venedig gedruckt. Es wird auf der Insel wie eine Reliquie behandelt, da – natürlich – Catalina Tomàs es benutzt haben soll.

Die ältesten Handschriften zur Sibil.la aus dem 10. Jahrhundert kamen aus den Kathedralen von Córdoba und Ripoll und gehören zur altspanisch-mozarabischen Liturgie. Ihre gregorianische Melodie wandelte sich im Laufe von Jahrhunderten; auf Mallorca wirkt sie exotisch und archaisch, sie hat Anklänge an die arabisierende Musik, wie sie hier noch bis vor fünfzig Jahren zur Feldarbeit gesungen wurde. Im 13. Jahrhundert begann man den lateinischen Text in die Volkssprachen zu übersetzen, in Katalonien auf dem Umweg über das verwandte Okzitanische. Nach Mallorca gelangte er, wie andere liturgische Elemente, mit der katalanischen Eroberung 1229.

Aus katalanischen Wäldern kommen heute die Weihnachtsbäume, ein Brauch, der sich in den Familien zögerlich durchzusetzen beginnt. In Mallorcas Kirchen wird man einen Weihnachtsbaum jedoch vergebens suchen. Die schmücken sich nach wie vor überreich mit weißen *neules*. Aus den Oblaten sind filigrane Scherenschnitte geworden; sie zeigen an, wie lange es vom Advent bis zur Fastenzeit dauert: die großen *neules* die Wochen, die kleinen *neules* die Tage. Außerdem stellen sie die Spinnennetze dar, die im Stall von Bethlehem an der Decke hingen. Und da Bethlehem auf Hebräisch »Haus des Brotes« bedeuten soll, symbolisieren sie auch noch das himmlische Brot, das in der Gestalt Jesu auf die Erde kam.

Etwas Schmackhafteres als Brot gibt es im Anschluss an die Mitternachtsmesse im Kirchhof. Die Gemeinde lässt den Heiligen Abend mit *ensaïmades* ausklingen, die geradewegs aus der Himmelsbäckerei zu kommen scheinen. Wir tunken sie in *xocolata a la tassa*, sämige heiße Trinkschokolade, gerade das Richtige nach den drei Butangasöfchen. Man plaudert. Man hat Zeit. Es ist weit nach Mitternacht und die Weihnachtsgeschenke – die bringen sowieso erst die Heiligen Drei Könige am 5. Januar.

Die manchmal nicht ganz so Heiligen Drei Könige

Die Weihnachtsgeschenke gibt es erst am 5. Januar

An der Schiffsanlegestelle bei der Llotja in der Bucht von Palma warten drei Kamele. Und keiner wundert sich. Sie gehören zum Stadtbild. Allerdings nur heute, am 5. Januar. So lange müssen die spanischen Kinder warten, bis sie ihre »Weihnachts«-Geschenke bekommen. Woher soll das arme Jesuskind in seiner Krippe wohl Geschenke nehmen? Da haben die reichen drei Könige aus dem Morgenland doch ganz andere Möglichkeiten. Die segeln gegen Abend auf einem bunten Schiff in die Bucht von Palma ein. Die Musik zu ihrem Empfang ist so exotisch wie die Länder, aus denen sie stammen, das Feuerwerk so bunt wie Ihre Fantasiekleidung: Goldkronen auf dem Haupt, Samtmäntel, Hermelinkragen. Der königliche Mohr trägt lieber einen golddurchwirkten Turban und Pluderhose, beides steht ihm prächtig und so stiehlt er allen die Show. Im richtigen Leben ist er der Vorsitzende der Vereinigung der sonst eher ungeliebten Immigranten. An Land wartet das königliche Gefolge von vierhundert Personen und einundzwanzig Karossen. Nachdem die Besucher vom Schiff auf ihre Kamele umgestiegen sind, setzt sich die zweieinhalb Kilometer lange Karawane am Passeig Sagrera in Bewegung. Seit Stunden harren Tausende von Kindern samt Eltern aus, an der Jaime III., am Born, an der Plaça Cort, weil sie einen guten Platz ergattern wollten. Die Prunkwagen mit Sternbildern, Fabeltieren und nachgestellten Fernsehlieblingen, mit Adam und Eva und Noah, die drei Musikkapellen, die Gruppen von Tänzern und Possenreißern und die berittene Polizei weisen den Weg zur Plaça Cort, zum Rathaus, wo das Empfangskomitee sie willkommen heißt. Einige Kinder weinen vor Aufregung, wenn einer der Könige das Wort an sie richtet, andere schielen auf die vier Geschenkewagen, von denen zunächst einmal mehr als sechs Tonnen Bonbons auf die etwa 150.000 Zuschauer herunterprasseln.

Ganz besonders wichtig ist der überdimensionale königliche Briefkasten, der mit der Karawane reist. Von Mitte bis Ende Dezember sind in ganz Spanien und natürlich auch auf Mallorca Spezialbriefkästen für die Briefe und Wunschzettel an die Heiligen Drei Könige aufgestellt. Im Übrigen sind die Herren Könige durchaus im Trend der Zeit, man kann sie auch über ihre Website erreichen. Früher holten die Kinder ihre Geschenke, meist Kleinigkeiten, am Morgen des 6. Januar aus Krügen, die sie am Abend zuvor mit Wasser für die durstigen Kamele gefüllt hatten. Doch auf den Wunschzetteln der lieben Kleinen stehen heutzutage auch auf der Insel eher Markenklamotten und Handys. Die Zeiten ändern sich. Und deshalb geht es, auch wenn das Theaterstück von Llorenç Moya so heißt, nicht allein um die »Anbetung der Könige« in dem Drama, das traditionell am 6. Januar mittags in Ses Voltes unterhalb der Kathedrale aufgeführt wird. Vielmehr sind die Schauspieler bekannte Persönlichkeiten des öffentlichen Lebens,

Journalisten, Künstler und Spitzenpolitiker, und sie bringen in das Stück auch etliche vom Publikum mit Spannung erwartete und mit Lachsalven quittierte aktuelle Pointen ein. Von der Ökosteuer über die Umweltpolitik bis zur Ölpest in Galicien fehlt nichts. Da rattert als Rechtsberater des Herodes der inselbekannte Tolo Güell auf seinem Markenzeichen, einer betagten Vespa, heran – er ist der Erfinder des Volksmarsches per pedes von Palma nach Lluc. Die sonst für ihren archaischen Gesang bekannte Weihnachts-Sibil.la rapt ihre apokalyptische Botschaft diesmal. Und die übrigen Stars: Das kann der betagte Bildhauer Jaume Mir sein – er schuf viele Plastiken des balearischen Steinschleuderers –, der den Josef spielt, oder die Urenkelin des Malers Joan Miró, die ihren allerersten öffentlichen Auftritt als Jesuskind hat. Die drei Kandidaten für das Bürgermeisteramt von Palma stellen die Heiligen Drei Könige dar. Ab morgen dürfen sie wieder nicht ganz so heilig sein.

Der heilige Sebastian

Warum man manchmal auf der Autobahn parken muss

Will die Stadt Palma ihrer Steuersünder neuerdings auf hinterlistige Weise habhaft werden und sie dann im Verlies der Burg Bellver schmachten lassen? Dort, wo einst politische und militärische Gefangene darbten und mit Graffiti ihr trauriges Los zu beschreiben suchten? Zum Stadtfest von *Ciutat*, der Hauptstadt, am 20. Januar darf auch der Bürger Jedermann sich die normalerweise geschlossene *torre de l'homenatge*, den Ehrenturm der Burg Bellver, anschauen. Besichtigung nur in geführten Gruppen; nähere Auskunft gibt es, so die Zeitungsannonce mit dem Festprogramm, unter Telefonnummer xyz. Nur: da antwortet … das Finanzamt.

Sonst aber klappt die Organisation der zwei Wochen, die Palma im *Fiesta*-Taumel verbringt, sehr gut. Was macht es schon, dass das Programm erst erscheint, wenn die Fete fast vorüber ist. Was und wo gefeiert wird, das finden die Mallorquiner und die *Palmesanos* im Besonderen auch ohne gedruckte Anleitung ganz schnell heraus. Was der Provinz recht ist, ist der Hauptstadt billig. Nein, stimmt so nicht. Im Gegenteil, die Mega-Party kommt Palma richtig teuer zu stehen. Was der Provinz der heilige Antonius, das ist Palma der heilige Sebastian. Zwei Wochen lang ziehen Riesen, Drachen und *dimonis* zu Dudelsackklängen durch die Straßen, zwei Wochen lang bietet ein kulturelles Rahmenprogramm Theater und Zirkus, Klassik und Jazz, Ausstellungen und prämierte Filme, Vorträge und Salsa. Zwei Wochen lang können Grillfetischisten jeden Abend an einem anderen Gluthaufen ihre Würste braten, denn die vierzig Nachbarschaftsvereine Palmas organisieren ihre Feuerfeten straßenweise. Als Kohlebecken halten der Länge nach halbierte ausgediente Benzinfässer her. Oder man schmort direkt in der Glut der Scheiterhaufen.

Der Ursprung dieser vielen Feuer liegt wohl darin, dass man nach Epidemien häufig die gesamte Habe der Kranken und Verstorbenen verbrannte. Den in Narbonne geborenen heiligen Sebastian rief die geplagte Bevölkerung gegen die Cholera und gegen die Pest an. Allem Anschein nach manchmal mit Erfolg, denn schon im 15. Jahrhundert feierte man ihn gleich eine Woche lang und im Jahr 1634 wurde er ganz offiziell der Schutzpatron der Stadt Palma. Einen Knochensplitter seiner rechten Hand, aufbewahrt in einer aus Gold nachgebildeten Hand, hütet die Kathedrale; die Reliquie war 1523 von Italien nach Mallorca gelangt. Sebastian, im 3. Jahrhundert nach Christus römischer Offizier unter Kaiser Diokletian, hatte insgeheim viele Menschen zum Christentum bekehrt und wurde dafür mit Pfeilen erschossen. Sinnigerweise ehrt man den Heiligen auch mit einem Stierkampf. Patronatstag ist der 20. Januar, doch die Galavorstellung läuft am Vorabend. Dann lodern auch in Palmas Altstadtgassen die Freudenfeuer, dann riecht es überall nach Rauch, weil das Zentrum sich in eine einzige Garküche verwandelt hat. *Coca de verdura*, ein

Blechkuchen mit Gemüsebelag, Zuckerwatte, gebrannte Mandeln und Kekse gibt es auch, doch die Renner an den unzähligen Verkaufsständen sind Mallorcas rote Würste von schwarzen Schweinen, *sobrassada* und *llonganissa*, aber auch Fleischstücke und Speck, alles im Rohzustand, versteht sich. Zwecks Selbstbedienung an einem der unzähligen Feuer werden die Spieße zum Grillen gleich dazugeliefert. Auch Bier und Wein sind im Angebot. Ein Freund, aus England zu Besuch, konnte sich nicht genug wundern, kommt es doch trotz des allgegenwärtigen Alkohols nicht zu Ausschreitungen. Vielleicht trägt die noch immer präsente feenhafte Weihnachtsbeleuchtung ihren Teil mit bei: Glitzersterne über den Straßen, Glühwürmchenvorhänge an den Gebäuden, Lichterkuppeln über den *places*. Die ganze Innenstadt atmet etwas Heiteres, Ausgelassenes.

Man kennt sich, man trifft sich, man schwatzt einen Moment, man schiebt sich weiter, Kinder an der Hand, auf den Schultern, auf dem Arm. Trifft die Nächsten, schwatzt und drängelt sich wieder weiter zu einem der Open-Air-Konzerte mit nationalen und internationalen Stars: Flamenco oder Schlager, Oldies oder Rock, Jazz oder Folklore, jede *plaça* der Innenstadt bietet etwas anderes. Bei der Folklore fliegen Rucksäcke, Handtaschen, Mäntel und Anoraks in die Mitte, wer Lust hat, tanzt mit, wer genug hat, zieht weiter. Die Zuschauer kommentieren fachkundig, woher die Tänzer kommen, ein *ball de bot* von s'Arracó ist schließlich nicht derselbe wie der von Sencelles. Musik sei aber etwas Lebendiges, gibt der Vorsitzende der Vereinigung der Dudelsackspieler zu bedenken, sie müsse sich ständig weiterentwickeln. Und so kombiniert er die historischen Inselinstrumente – Dudelsack, Flöte, Trommeln, *ximbomba* – schon mal mit elektrischem Bass, mit Gitarre, Geige und Schlagzeug, lässt Folklore und Rock zu einem neuen Sound verschmelzen und nennt seine Gruppe »Ximbomba Atómica«. Dem Tanzen, Braten und Singen bis zum Morgengrauen tut das keinen Abbruch. Am nächsten Abend sammelt sich ganz Palma, ach, wohl ganz Mallorca an der Bucht von Palma, wo das größte Feuerwerk Europas in den Himmel zischt und 110.000 Euro verpuffen. Ob es gelungen ist, wird unmissverständlich von den Schiffen und Yachten verlautbart, die ausgelaufen sind, um sich das 25-minütige Spektakel von der anderen Seite anzusehen. Bei Gefallen tuten sämtliche Schiffssirenen. Und 350.000 Zuschauer klatschen Beifall. Viele sind, wie empfohlen, zu Fuß gekommen, die Innenstadt wird sowieso großräumig abgesperrt. Oder sie benutzten einen der Pendelbusse der eigens eingerichteten Parkplätze an der Peripherie. Oder aber sie sind eben doch mit dem Auto gekommen. Wo sie parken? Auf der nahen Autobahn natürlich. Was braucht es Standspur und Fahrspur und Überholspur. Eine, mindestens, wird zweckentfremdet. Wo sonst soll man das Auto lassen?

Am 29. Januar kommen Riesen und Drachen und *dimonis* von der ganzen Insel nach Palma, um den Heiligen zu verabschieden. Heiligabend, Festa de l'Estendard, Heilige Drei Könige, Sant Antoni und Sant Sebastià, kurzum, nach einem ganzen Feiermonat ist das *adéu* eine himmeltraurige Angelegenheit. Deswegen muss die Bevölkerung aufgerichtet werden: Zeitungsannoncen erinnern am 29. Januar daran, dass spätestens bis zum 14. Februar die Vorschläge für den Wettbewerb von Masken, Prunkwagen und Plakaten einzureichen sind. Schließlich ist dann Karneval. Und überhaupt: Es gibt keinen Tag im Jahr, an dem nicht irgendwo auf der Insel irgendetwas gefeiert wird. Kein Grund zur Traurigkeit also.

Wie man mit Seife und Schwamm reich wird, aber nicht unbedingt eine weiße Weste behält

Die Indianer von Andratx

Wenn in den Gärtchen von Andratx die Granatapfelbäume feuerrot blühen, dann beginnt man die Türen aus den Angeln zu heben. Sie werden ersetzt durch Stoffvorhänge oder die mittelmeertypischen Perlenschnurvorhänge, denn nun wird es heiß auf der Insel, und diese geniale Erfindung erlaubt wenigstens ein Minimum an Luftzirkulation bei größtmöglicher Abschirmung vor fremden Blicken. In den schmalen Straßen steht die Luft schon am Vormittag, am Nachmittag geben Asphalt und Hauswände die Hitze zurück wie Backöfen einer Großbäckerei, spät am Abend kann das Städtchen durchatmen, und wer von der ärmeren Bevölkerung nicht wenigstens einen klitzekleinen Patio besitzt, der stellt die Stühle vor das Haus auf den Bordstein. Dieser ist häufig nur noch drei Handspannen breit, doch man lässt sich nicht stören beim Schwatz mit den Nachbarn, auch wenn die Autos nur vier Zentimeter an den Zehenspitzen vorbeifahren. Die Vorderbeine auf der Fahrstraße und den Rest auf dem Bordstein, was macht's, die Stühle sind so stämmig und kurzbeinig, dass man damit kaum umfallen kann. Ihre Sitzflächen sind aus dem Material der *palmitos*, der endemischen Zwergpalme gemacht.

Die Wurzeln dieser *palmitos*, erzählte Juana, als wir einmal mit einem alten Wanderführer, der sich ein paar Peseten dazuverdiente, auf Bergtour unterwegs waren, habe man bei Prostataleiden eingesetzt und die Blattknospen als Gemüse gekocht. »Wir haben *palmitos* gesammelt und daraus Kordeln für Hüte, Taschen und Sitzflächen gedreht«, erzählt Margalida, »und das wurde gut bezahlt.« »Sticken haben wir natürlich auch gelernt«, ergänzt ihre Schwester Catalina. »Das hat auch Geld gebracht. Abends saßen alle jungen Mädchen draußen und stickten und erzählten sich was quer über die Straße, es gab eben noch kein Fernsehen.« »Unsere Eltern hatten ein Stück Land mit Mandelbäumen, mit dem, was wir im Herbst für die Mandeln erhielten, kamen wir gut über den Winter. Was wir zum Essen brauchten, haben wir angebaut, Hühner und Kaninchen hatten wir auch, und für das Geld wurden Schuhe gekauft oder Kleidung.«

Später haben die beiden alten Damen selbst Kleidung verkauft. Ein bis in die letzte Ecke und unters Dach und in den beiden Umkleidekabinen voll gestopfter halbdunkler Laden, in dem sie, die Hände und den Mund voller Stecknadeln und dabei noch Konversation treibend, virtuos Rocksäume absteckten und mit Blusen, Strümpfen, Wäsche und Röcken jonglierten, Service inklusive. Wo, bitte, gibt es das noch, dass man an einem Sonntagabend mit der Fähre aus den Ferien zurückkehrt und feststellt, dass die Schule einen Tag früher beginnt, als man geglaubt hatte. Und natürlich nichts hergerichtet war. Ein Anruf, ein Hilferuf, die Damen schlossen am Sonntagabend ihren Laden auf und wir durften aus einem Aufgebot an Mädchenjeans wählen, das jedem Textilgroßhandel zur Ehre gereicht hätte. Sie waren allesamt zu lang und die erwählte wurde natürlich am selben Abend noch gekürzt. Die Schwestern haben ihr Geschäft in jüngere Hände der Familie gegeben, heute ist daraus ein chromblitzender Shop mit Designerkleidung geworden. »Wir haben unser Leben lang eingezahlt«, sagt Margalida und steht stolz wie eine Königin. »Jetzt bekommen wir alle beide Rente. Nicht viel, aber es reicht.« Nun gut, und für den Laden hätten sie auch ein bisschen Ablöse bekommen; blieb ja in der Familie. Sie lachen verschmitzt. »Das Haus hier«, sagt Catalina, mit einer weiten Handbewegung auf ihr Reich deutend und genauso königlich wie die Schwester, »gehört uns. Unser Vater hat immer gesagt, das ist für unsere beiden *solteras,* für die Junggesellinnen. Er hat es selbst gebaut.« Eines jener einstöckigen Reihenhäuser mit einem Garten dahinter, in dem man Gemüse ziehen und Hühner halten, oder, wie vor einigen Wochen, ein Zicklein mit der Milchflasche hochpäppeln kann, aus dem niemals ein Braten würde.

Mehr als die Hälfte der männlichen Bevölkerung von Andratx musste im ersten Drittel des 20. Jahrhunderts aus wirtschaftlicher Not nach Kuba emigrieren, fast alle *indianos,* so nannte man sie, haben als Schwammtaucher gearbeitet. »Unser Vater«, sagt Margalida, »ist zurückgekommen, hat sich eine Frau gesucht und geheiratet. Aber gleich anschließend ging er ein letztes Mal nach Kuba, um dort noch einmal eine Stange Geld zu verdienen.« Das investierte er in einen Ochsen und ein Gespann zur Landbearbeitung und wurde Kleinunternehmer.

Früher war Landwirtschaft die Lebensbasis des Städtchens am Südwestende der Serra de Tramuntana, das von zwei Windmühlen und der kolossalen Wehrkirche bewacht wird; Fischfang kam hinzu und um 1860 wurde aus Andratx ein Städtchen von Saubermännern. Sechzig Prozent der Seife ganz Spaniens, beste Qualität, wurden hier produziert, doch irgendwann, die Konkurrenz schlief nicht, begann es an der Qualität zu hapern, die Seife reinigte nicht mehr so gut, nun mussten die Schwämme Kubas her. Man versuchte es auch mit Sprudel und Schnaps, doch richtig gut funktionierten Ziegeleien, eine Zementfabrik und ein Sägewerk, gekauft von Joan Flexas Pujol mit Kapital, das er durch *negocis no precisament legals …* erworben haben soll, und das bedeutet: durch Schmuggel. Doch das ist auf der Insel noch nie besonders ehrenrührig gewesen, und in Andratx schon gar nicht. Not macht erfinderisch und Flexas stiftete mit dem Geld durch gute Anlage in Exportgeschäfte, ein paar Schiffe und Sägewerke eben Arbeitsplätze. Die Insel Dragonera gehörte ihm bis 1974 auch. Mit Hilfe solcher Schmuggler, die seit Jahrhunderten und bis in die fünfziger Jahre hinein ihre heiße Ware in kühlen Nächten irgendwo an der Küste anlanden ließen, konnte der kleine Mann wenigstens überleben, weil die Lebensmittelsteuer wegfiel; er konnte rauchen und sich später auch das eine oder andere Elektrogerät leisten. Die Steuereinnahmen der Gemeinden waren nicht hoch genug für den Polizeiapparat, den man gebraucht hätte, um den Schmuggel besser zu bekämpfen; die Guardia Civil war sowieso schlecht bezahlt, also wurde sie bestochen und fast alle waren zufrieden, bis mit dem Tourismus noch mehr Geld zu verdienen war. Juan March, der es vom Schmuggler zum Bankier und zu einem der reichsten Männer der Welt brachte, wurde später Mäzen, wie auch seine Nachkommen, und der »kleine March«, wie Flexas hier hieß, rief ebenfalls mit hundert Millionen Peseten eine Stiftung für bedürftige Studenten ins Leben.

Es lebt sich nicht schlecht in Andratx; es gibt Sportanlagen mit Flutlicht samt Fußballplatz und Hallenbad, Apotheken, Ärzte und eine *doctora alemana*, Schulen und Kurse für Erwachsene von Aquarellmalerei bis Zen-Buddhismus; eine Musikschule und einen Chor; eine Bürgermeisterin rief schon 1958 eine sehr aktive Theatertruppe ins Leben und setzte damit das Werk des Lokalschriftstellers Jaume Roca fort. Der schrieb zeitkritische Dramen und Gesellschaftsstücke, wie das von der *Senyoreta*, die mit einem reichen *Habanero* verheiratet werden soll, aber den Leuchtturmwärter der Dragonera liebt. Die Bürgermeisterin spielt mit, wenn es der Zeitplan ihrer Vorzeigegemeinde erlaubt, zu der international gerühmte Tourismusperlen wie Port d'Andratx, Camp de Mar und Sant Elm gehören. Vorzeigeautor internationalen Formats ist Baltasar Porcel, der die mythische und poetische, dabei aber auch realistische Welt seines Heimatortes Andratx und des Mittelmeers beschwört und sich mit Romanen, Reisereportagen, Theaterstücken und journalistischen Arbeiten einen Namen gemacht hat. Einige der auf Mallorquinisch geschriebenen Werke des Ramon-Llull-Preisträgers, den *Publishers Weekly* und die wichtigsten Literaturkritiker der USA 1995 zum

Autor der besten Bücher nicht-englischer Sprache wählten, wurden ins Deutsche übersetzt.

Eine Bibliothek hat das Städtchen natürlich auch. Ihr unermüdlicher Bibliothekar heißt Rafel Grammatico. Bibliothekar Grammatico. Wirklich. Ein paar Straßen weiter, gerahmt von üppig tragenden Orangenbäumen, möchte das von Deutschen gegründete Kulturzentrum Sa Taronja irgendwann Mittelpunkt für eine kulturelle Zusammenarbeit zwischen Deutschen und Mallorquinern werden – Malerei, Jazz, Gesprächsrunden, Theater, alternative Heilmethoden sind im Gespräch. Umgebaute Hühnerställe mit Matratzen als Sitze wurden Theaterraum, andere Ställe Gemäldegalerie. Noch sind die *andritxols* zögerlich. Wie eine halb vollendete gigantische Stufenpyramide präsentiert sich hingegen schon von weitem das von dänischen Galeristen erstellte Centre Cultural Andratx, mit dreitausend Quadrameter Ausstellungsfläche eines der größten Gebäude Europas für zeitgenössische Kunst mit einem integrierten »Land Art«-Projekt, das sich über 220.000 Quadrameter erstreckt. Es gibt Ateliers für Künstler, die eine Zeit lang hier arbeiten möchten, ein Restaurant, den obligaten Museumsshop.

Überhaupt liegen Gigantomanie und Minimalisierung, Schönes und Hässliches eng nebeneinander in Andratx. Da haben Bauarbeiter eine Baustelle gekennzeichnet, wie man es seit ehedem tut: eine Lampe und eine rote Plastiktüte aus dem Supermarkt darübergestülpt, fertig ist die Warnleuchte. Der ins Irgendwo weisende Pfeil einer Umleitung lässt einen ebendort landen, aber gleich dahinter ist eine Umgehungsstraße, beschildert und gebaut, dass man sich am Frankfurter Kreuz wähnt, um sich dann doch wiederzufinden in einem malerischen Labyrinth von Straßen mit schmiedeeisernen Balkonen, offenbar so ausgemessen, dass die Dächer der Reisebusse genau einen halben Zentimeter unter ihnen durchrutschen. Künstler sind sie alle, diese Bus-, Zementmischer- und Wasserwagenfahrer. Die weißrosa Girlanden für eine *fiesta* sind manchmal allerdings selbst für Künstler zu tief über die Straße gespannt und hängen, kaum montiert, resigniert nach unten. Da steht der Gaswagen in den engen Straßen, versperrt den Weg, und sein Fahrer wuchtet in der Hitze die kiloschweren Butangasflaschen herunter und ist seit achtzehn Jahren offenbar jeden Tag gleich gut gelaunt. Die wartende Autoschlange wird immer länger, aber niemand würde hupen. Niemand aus Andratx, niemand aus Mallorca. Und wenn befreundete Autofahrer einander begegnen, die Scheiben herunterkurbeln und an der Ortsausfahrt, wo die Landstraße am schmalsten ist, erst mal Familiennachrichten austauschen – und die Familien sind beiderseits groß – dann wartet man eben. Irgendwann trifft man schließlich selbst einen Freund und muss Familiennachrichten austauschen. Und dann warten die anderen.

Am Vormittag, wenn der Duft nach dem Himmelsgebäck *ensaïmada* aus sämtlichen Backstuben die Straßen durchzieht, tragen die Hausfrauen Uniform: Kittelschürze mit Pullover im Winter, ohne Pullover im Sommer. In Kittelschürze und Hausschuhen wird die Straße gefegt, der Fensterladen entstaubt, macht man, das Wägelchen hinterherziehend, seine Einkäufe. Mittwochs ist Markt und die

Marktfrauen geben sich polyglott. »Máquina Suvenir Mallorca«, sagen sie, »auténtico, auténtico, prima, prima«, und führen vor, wie man mit dem Wundergerät Kartoffeln aushöhlt und von dem Rest noch Ringe schneiden kann. »Calamares«, sagen sie, denn das versteht jeder, und heben triumphierend einen Ring hoch. »Calamares de patata, von Kartoffel.« Pechschwarze Afrikanerinnen flechten Afrozöpfchen in blonde Mädchenhaare, Marokkaner verkaufen Sonnenbrillen. Aber bitte: Hat nicht mein Nachbar Jaume Bover, Historiker und Schriftsteller, herausgefunden, dass zwischen 1236 und 1601 der Name Andratx fünfunddreißig verschiedene Schreibweisen hatte – Andratx, Andraig, En Raig und so weiter – und dass die Aussprache von Andratx derjenigen eines berberischen Stamms ähnelt, mit der dieser Marrakesch benennt? Andratx gleich Marrakesch, keine völlig abwegige Vorstellung.

Mittags verdrängt Knoblauch den *Ensaïmada*-Duft. Und anschließend ist das Städtchen nicht mehr ansprechbar, versinkt in Lethargie, bis gegen 17 Uhr die Geschäfte wieder öffnen und, man fragt sich woher, alle auf einmal wieder auftauchen. Bei der Cooperativa, dem Genossenschaftsladen der Landwirte, riecht es durchdringend nach Johannisbrot. Dort kann man seine Mandelernte knacken lassen, Pflanzen kaufen, Honig und Olivenöl, Kanarienvögel und junge Hunde. Manchmal ist auch ein handgemalter Zettel an die Tür geklebt: *hay estiércol*; dann gibt es Pferdemist.

Carlos, der *ecuatoriano*, kommt vorbei, sich eine Mähmaschine auszuleihen, nachts arbeitet er im Hotel, tagsüber mäht er anderer Leute Rasen; er baut sich eine Existenz auf; seine Kinder sprechen Mallorquinisch, sagt er, aber er selbst verstehe noch immer kein Wort; Laila, die Marokkanerin, will mir nächste Woche zeigen, wie man echten Couscous kocht; sie spricht mit Mühe Spanisch. Der älteste Nukleus von Andratx ist noch verwinkelter, von Treppchen durchzogen; sauber hergerichtete Fassaden prunken neben Bruchbuden, an denen Verkaufsschilder stehen, irgendein Ausländer wird sich hoffentlich finden lassen. Herrschaftliche Häuser mit Jugendstileinsprengseln der reich gewordenen *indianos*, Straßen, die Cuba und Habana und Batabanó heißen, neben Gassen von bezaubernder Poesie mit Gärtchen, in denen Prunkwinden und Bougainvilleen einander eng umschlungen halten. Längst sind die Kittelschürzen abgelegt, man hat sich fein gemacht; im Seniorenclub bleiben Frauen und Männer unter sich, spielen die Frauen Bingo und die Männer Karten. Auf der *plaça* riecht es nach Kölnischwasser und Babycreme, der Nachwuchs wird spazieren gefahren und begutachtet, die Terrassen der Cafés sind voll besetzt. Die *residentes* hier haben wohl eher einen leichten Hang zum Hippiehaften, wovon leben die überhaupt, sagen die *residentes* drüben im Hafen, von denen sie nur sechs Kilometer, aber dennoch Welten getrennt sind. Ihre Sprösslinge besuchen vom Kindergarten bis zum Gymnasium die Schulen von Andratx und wechseln mühelos von Mallorquinisch zu Deutsch und von da zum *castellano*. Weit nach Mitternacht werden die Stühle vom Bordstein geräumt. Nun gehört die Straße den grauen Katzen, bis morgen Früh die Granatapfelbäume wieder feuerrot blühen.

Ein Ausflug

Auf Umwegen zum Geburtsort des Christoph Kolumbus

Wenn man auf der Schinkenstraße immer geradeaus läuft, das Mittelmeer im Rücken, vorbei am neuen »Bierkönig«, einem klotzigen Fachwerkhaus und als solches in der Mittelmeerarchitektur ein Novum, vorbei am »Schinken-Express« und am »Donnerbalken«, wo es heute Kassler mit Sauerkraut, Erbsensuppe und auch Sülze mit Bratkartoffeln gibt, dann gelangt man nach wenigen Metern in das weitläufige, parkartig angelegte Gelände der Franziskaner des Dritten Ordens. Dort versteckt sich ein Kleinod: die 1968 geweihte Kirche Nuestra Señora de los Angeles, la Porciúncula. Aus Eisenbeton, Glas und Blei gestaltet, präsentiert sie sich dem Besucher außen grau und unscheinbar, um in ihrem Innern umso mehr zu verzaubern, ihn erwartet ein Wunderwerk an Harmonie, ein Dreiklang von Akustik, Farbe und Licht. Dieses dringt durch eine Fensterwand von sechshundert Quadratmetern und erleuchtet eine Komposition aus 39 farbigen Einzelfenstern, von denen achtzehn im Altarraum den Sonnengesang des heiligen Franz von Assisi darstellen: die Dreifaltigkeit; Engel; auch Bruder Tod als Knochenmann; Früchte, Blumen und Kräuter; Schwester Sonne; Luft, Wolken und heiterer Himmel; Bruder Wind und das Wasser; inmitten der Tierkreiszeichen die Erde als Weltkugel. Zu Gott und der Welt und ihren möglichen Antipoden haben sich bereits im 13. Jahrhundert zwei Männer ihre Gedanken gemacht und diese auch niedergeschrieben; sie bilden den Abschluss dieses Hymnus: Dante Alighieri, Schöpfer der italienischen Schriftsprache, und, ihm gegenüber, sein Zeitgenosse, der Mallorquiner Ramon Llull, Begründer der katalanischen Schriftsprache, Franziskaner, Mystiker, Missionar.

Ein Besuch dieser farbenfrohen und doch geheimnisvollen Kirche ist der richtige Beginn, um sich auch in Gottes freier Natur von Luft, Wolken, Wind und der Sonne, Früchten, Blumen, Kräutern und dem Wasser verzaubern zu lassen. Nur wenige Fahrminuten sind es von der Porciúncula, dann breitet sich in Richtung Cap Blanc eine unberührte Garrigue-Landschaft aus, ein Plateau, völlig anders als die wilde Serra de Tramuntana des Nordens, aber auf seine Weise nicht weniger spektakulär. Der Küstenabbruch ist hier etwa achtzig Meter hoch, das Ganze erinnert an die englische Steilküste. Wenn da nicht dieses intensive Licht wäre. Und diese Vegetation. Johanniskraut und Zistrosen, Wacholder, Zwergpalmen, wilder Rosmarin und wilde Ölbäume, dies alles verschwimmt zu Silbergrüngrau vor Königsblau, verleiht der Landschaft ihr unverwechselbar mediterranes Gepräge und vermählt sich zu einem Duft, der eine potenzierte Aromatherapie bieten zu wollen scheint. Das nächste Juwel, gefasst von einem piniengrün getupften Fjord: jadefarbenes Wasser, ein verträumter Sandstrand, eine Hand voll Bootsschuppen – Cala Pi, behütet von einem 1659 erbauten Wachturm. Von dort kann man mit Blick über die Steilküste zum langen Strand des Naturschutzgebietes es Trenc, zur Insel Cabrera und zur Bucht von Palma seinen Gedanken nachhängen. Und, wenn man sich denn loszureißen vermag, zur nächsten Preziose fahren, zur Cala Figuera, vielleicht die romantischste und stimmungsvollste der Südostküste. An den zwei Fjorden entlang zieht sich ein Fußweg, vorbei an Roquefort-Häusern, an Bootsschuppen, von denen die Farbe blättert, an schmalen Anlegestegen, vor denen fotogene Bötchen dümpeln. Hier flicken die Fischer ihre Netze, spielen die Kinder ihre Spiele und am Spätnachmittag stehen Einheimische wie Besucher erwartungsvoll an der Pier, gespannt, was wohl diesmal aus den Schiffsbäuchen hervorkommen mag. Die Hunde sind genauso neugierig und die Katzen haben sich Logenplätze auf einem Haufen Fischernetze gesichert.

Zur Abwechslung kann man ein bisschen durchs Landesinnere pilgern, wo im Frühjahr die Kronenwucherblumen und Margeriten, der Klatschmohn und die wilden Gladiolen zwischen den Johannisbrot- und Mandelbäumen so hoch sind wie die Schafe, denen diese Wiesen eine (Augen-)Weide sind, bis die Pracht von der Sommersonne versengt ist und dem Lateritrot der bloßen Erde Platz macht. Das nächste Ziel, Portocolom, einst Ausfuhrhafen des Städtchens Felanitx, ist heute ein lebensfroher Hafen. Kunterbunt – die obligaten grünen Fensterläden, farbig abgesetzte Türeinfassungen und Bootsschuppen wie aus dem Tuschkasten. Hier wiegen sich die traditionellen *llaüts* neben Sportyachten und wie ehedem die Fischerboote, die mit ihrem ebenfalls kunterbunten Fang am Nachmittag selbstbewusst in die Bucht rauschen, in den Hafen des Kolumbus, genau das heißt nämlich Portocolom. Der Geburtsort des Christoph Kolumbus liegt denn auch nur wenige Kilometer entfernt, bei dem Städtchen Felanitx …

Italien? Genua?

Kolumbus sprach und schrieb kein einziges Wort Italienisch, stellte nicht nur der renommierte Historiker Menéndez Pidal fest. Selbst die Korrespondenz mit seinen Brüdern erfolgte stets auf Spanisch, durchsetzt mit portugiesischen oder katalanischen Einsprengseln. Außerdem: Mit keiner Silbe meldeten die genovesischen Gesandten, die sich in Barcelona befanden, als Kolumbus nach der Entdeckung »Indiens« im Triumph von den Katholischen Königen empfangen wurde, diesen Erfolg eines vorgeblichen Landsmanns hinüber nach Genua. Die Republik Genua ihrerseits erwähnt in ihrem Glückwunschschreiben an die Katholischen Könige mit keinem Wort, dass der Entdecker aus ihren Mauern stammt.

Die Landschaft ist heiter, fast beschwingt, die Sonne lockt das Ocker eines Mäuerchens am Straßenrand noch intensiver heraus, das Gelb der Opuntienblüten macht ihm Konkurrenz, vor einer Hauswand wuchern Bougainvilleen in tiefem Lila, räkeln sich Goldkelche im dunklen Laub, der Inbegriff von Mittelmeerflora und doch alles Boten aus der Neuen Welt. Dort machte Kolumbus seinen Landfall, lobte Gott und dachte an Gold. Er verschenkte Glasperlen und Glöckchen und läutete ein neues Zeitalter ein, »das größte Ereignis seit Erschaffung der Welt, mit Ausnahme der Fleischwerdung dessen, der die Welt geschaffen hat«, wie Chronist López de Gomara pries. Kolumbus' Leben war ein bühnenreifes Drama, ein Geflecht aus Camouflage und Kabale, vielleicht auch aus Kabbala. Die Mutmaßungen über seine wahre Identität reichen vom Juden aus der Extremadura über einen Geheimagenten der Katholischen Könige am Hof von Portugal, einen Korsen, Katalanen, konvertierten Juden aus Ibiza bis zum blaublütigen Mallorquiner.

Dass Kolumbus Katalane ist, behauptete Luis Ulloa Cisneros, Historiker und Direktor der Nationalbibliothek Lima, bereits in seinem 1927 veröffentlichten Buch »Cristobal Colom fou català«. Für Gabriel Verd Martorell, Mallorquiner, der sich seit einem Vierteljahrhundert mit diesem Thema befasst, steht fest, dass er aus Mallorca stammt.

Es hatte schon spannend angefangen: Der Vater des Kolumbus sei der Prinz Carlos von Viana und vergiftet worden, erzählt man sich auf Mallorca. Natürlich von einer bösen Stiefmutter. Die hat alles getan, was böse Stiefmütter so zu tun pflegen: Als zweite Frau König Juans II. von Aragon bevorzugte sie ihren eigenen Sohn Ferdinand. Sie vereitelte Carlos' geplante Ehe mit Isabella von Kastilien, die ihr eigener Sohn Ferdinand später heiratete; sie wurden bekannt als die Katholischen Könige. Carlos durfte auch nicht den ihm zustehenden Thron von Navarra und Aragon besteigen. Als er aufmüpfig wurde, gab sein Vater ihm Zeit, in der Festung Santueri über seinen Ungehorsam nachzudenken.

Fast uneinnehmbar ist Santueri, zwischen Portocolom und Felanitx gelegen. In einer solchen Burg hausen böse Geister, und um sie samt bösen Feinden in Schach zu halten, gibt es nur ein Eingangstor. Dennoch soll es Carlos gelungen sein, zarte Bande zu einer hübschen blonden Frau namens Margalida Colom zu knüpfen. Bevor er die Insel verließ, bat er angeblich den Gouverneur Mallorcas in einem Brief um Beistand für Margalida, da sie schwanger sei. In Terra Rubra, nahe dem Berg Sant Salvador bei Felanitx, gebar sie 1460 (wovon allerdings kein Geburtsregister zeugt) ihren Sohn Cristòfor Colom, meint der Experte Gabriel Verd. Kolumbus hat nachweislich viele seiner Schriftstücke mit »Colom« aus »Terra Rubra« unterzeichnet. Ins Katalanische übersetzt wird daraus Alquería Rotja, und das eben liegt zwischen Felanitx und Santueri.

Der Weg zur Festung hinauf ist schmal, kurvenreich und nicht gut ausgebaut. Als sei sie aus dem Felsgestein herausgewachsen, so thront sie in 408 Meter Höhe; Agaven, Oleaster und Opuntien sprießen aus dem halbverfallenen Gemäuer und verleihen dem Ganzen ein struppiges Aussehen, das den trutzigen Charakter der Befestigung mit ihren Zinnen, Schießscharten und den wuchtigen Türmen noch unterstreicht.

Hier hat man ganz Mallorca zu Füßen liegen, gegenüber grüßen der Berg Sant Salvador und das Städtchen Felanitx, an schönen Tagen kann man den Blick bis Menorca, Ibiza und Cabrera und über das Meer, dieses scheinbar nicht endende himmlisch blaue Meer schweifen lassen – was Wunder, dass Ramon Llull sich schon im 13. Jahrhundert seine Gedanken über das Funktionieren dieser gewaltigen Wassermassen machte. Auch daraus glauben einige Historiker schließen zu können, dass Kolumbus Mallorquiner war und sich an Llulls Vorstellungen orientierte. Immerhin hatte dieser Amerika schon zweihundert Jahre vor Kolumbus geistig entdeckt, als er 1287 in seinen »Questiones per artem demostrativam solubilis« zum Phänomen der Gezeiten erklärt, das Meer berühre auf der dem Osten entgegengesetzten Seite »einen Kontinent, den wir weder sehen, noch kennen«. Llullisten waren auch die Franziskaner Fray Juan Pérez und Fray Antonio de Marchena, die den Anstoß dazu gaben, dass Kolumbus' Projekt nach sieben Jahren Wartezeit von Ferdinand und Isabella abgesegnet wurde.

Sollte Kolumbus tatsächlich ein Bastard des Prinzen von Viana sein, dann wäre er ein Neffe der Katholischen Könige und hätte einen hochwohlgeborenen Onkel gehabt. Der Familienstreit war mit der Denkpause des Don Carlos auf Santueri übrigens keineswegs beendet. Er unterlag seinem Vater und starb bald darauf, vergiftet oder nicht; die Katalanen aber gingen gegen seinen Vater Juan II. auf die Barrikaden, trugen ihre Sache René von Anjou aus der Provence an und Felanitx wurde zum Konspirationszentrum seiner Anhänger. Die Brüder von Margalida Colom sollen sich als Korsaren für ihn betätigt und ihren Sohn Cristòfor schon im Knabenalter in die Kunst der Seefahrt eingewiesen haben. Kein Geringerer als Leibnitz meint, Kolumbus sei sogar Anführer der Korsaren geworden. Dass er für René im Einsatz war, hat er selbst bestätigt. Wirre Familienverhältnisse: Ein Onkel ist der Katholische König Ferdinand und der andere ein Widersacher der Familie, René von Anjou; es scheint ein Gentlemen's Agreement in dem engen Kreis der Beteiligten gewesen zu sein, die Identität des Kolumbus zum Staatsgeheimnis zu erklären, und der legte offenbar falsche Fährten, wo immer er konnte. Er schlüpfte in die Haut des Sohnes eines einfachen Wollwebers und Schankwirts, Domenico Colombo und dessen Frau Susana Fontanarosa, doch hat er diese Familie nie erwähnt, geschweige denn sie in Genua besucht.

Längst befassen sich auch Historiker der Baleareuniversität mit seinem Leben, allerdings streng wissenschaftlich. Dass der Admiral seine Briefe häufig mit »Almirant« unterschrieb, und das ist eindeutig mallorquinisches Katalanisch, ist für sie nur ein Stückchen in dem Puzzle. Professoren wie der Philologe Joan Miralles oder der Rechtshistoriker Romà Pinya Homs interessieren sich vornehmlich für die mallorquinische Connection des Kreises um Kolumbus: Es herrschte ein enges Beziehungsgeflecht zwischen den Kartografen, Kaufleuten, Kapitänen und klugen Köpfen jener Zeit. Fast alle lebten sie um die Handelsbörse Sa Llotja herum – wie Schiffseigner Esteva oder Kanoniker de Boil, die Kolumbus auf dessen zweiter Fahrt begleiteten.

Die Blue Hour ist gerade der richtige Augenblick, um in Palmas verwinkelten Gassen eine laue Frühsommernacht zu genießen und in einem der unzähligen Restaurants und einer der Kneipen hier eine *tapa* und da eine *copa* zu nehmen, es herrscht ein buntes Sprachengemisch. Damals waren es Katalanen, Sarden, Italiener, Griechen, Araber und Juden, die in malerischen Gewändern die Straßen bevölkerten und einträchtig nebeneinander lebten, eine im besten Sinne offene, kosmopolitische Gesellschaft, in der Toleranz nicht gepredigt, sondern praktiziert wurde. Bester Protagonist dieser glücklichen Zeit, bis Spanien in der Finsternis der Inquisition versank, war zum Ende des 13. Jahrhunderts wiederum Ramon Llull, der die halbe damals bekannte Welt bereiste und den Kartografen manch wertvollen Hinweis gegeben haben dürfte.

Aus Mallorca stammten die angesehensten Kartografen jener Zeit. Abraham Cresques beispielsweise, konvertierter Jude, dessen 1375 entstandener »Atlas Català« bereits Informationen zu den bereisten Gebieten gab und die erste Windrose mit Angaben zum magnetischen Nordpol enthielt. Amerigo Vespucci bediente sich einer Karte des berühmten mallorquinischen Kartografen Gabriel Valseca, die er 1439 für »teure achtzig Goldddukaten« erwarb. Sehr wahrscheinlich kannte Kolumbus diese Karte Valsecas, die den Atlantik von Norwegen bis zum Rio de Oro (Senegal) mit den Britischen Inseln, Madeira und den Kanarischen Inseln abdeckte. Ein Sohn Valescas wohnte übrigens auch in Palmas Altstadt.

Als ein wichtiges Beweisstück für die Katalanität des Kolumbus wird immer wieder sein Brief an den Ferdinands des Katholischen herangezogen, den Valencianer Luis de Santángel. Der hatte mal drei Jahre auf Mallorca gelebt, die Beziehung blieb eng, ein Bruder ließ sich hier ein Schiff bauen, ein anderer heiratete eine Mallorquinerin. Ohne Luis' großzügige Mitfinanzierung hätte das Unternehmen gar nicht durchgeführt werden können. Und so bekam dieser Freund und Gönner und nicht die Katholischen Könige als Erster die Nachricht von der sensationellen Entdeckung; unterzeichnet ist der am 15. Februar 1493 geschriebene Brief mit »Cristòfor Colom«. Sein Sohn und Biograf Fernando, der akribisch alle Dokumente seines Vaters erfasste, hat im Register zu diesem Brief vermerkt: »Letra enviada al escrivà de ració a 1493, en català.« Doch wurde dieser »Brief auf Katalanisch« sofort ins Lateinische übersetzt; ein einziges Exemplar ist in der New York Public Library erhalten. In allen weiteren Ausgaben, sogar der italienischen, ist sein Nachname mit Colom angegeben, die 1497 in Straßburg publizierte deutsche Ausgabe enthält den Hinweis, sie sei aus dem Katalanischen ins Lateinische übersetzt worden. Nur – diese katalanische Urversion bleibt unauffindbar.

Beim Bekunden seines letzten Willens bezog Kolumbus sich 1509 auf sein voriges Testament von 1504. Das aber war verschwunden. Stattdessen tauchte verblüffenderweise eines aus dem Jahr 1498 auf. Und dieses ist das einzige Schriftstück, in dem Kolumbus sich ausdrücklich als »in Genua gebürtig« bezeichnet. Doch auch das ist nicht das Ei des Kolumbus, sondern muss eine Fälschung sein, denn in dem Text wird auch auf den Kronprinzen Juan Bezug genommen, und der war zum vermeintlichen Zeitpunkt seit vier Monaten tot.

Der Großadmiral stirbt 1506 in Valladolid, sein Tod ist im Sterberegister der Stadt nicht verzeichnet. Sein Leben endete so mysteriös, wie es begann. Seine Geheimnisse nahm er mit ins Grab. Nur: in welches Grab?

Auf der von ihm entdeckten Insel Hispaniola wollte er seine ewige Ruhe finden. Doch selbst die war ihm nicht vergönnt. Irrte er noch zu Lebzeiten »wie ein Don Quijote« auf dem Meer herum, so änderte sich selbst nach seinem Tod daran nicht viel: Vorläufig wurde er in Valladolid bestattet, 1509 nach Sevilla umgebettet und 1537 überführte man die sterblichen Reste von Kolumbus und Sohn Diego in die Kathedrale nach Santo Domingo, Bruder Diego blieb in Sevilla. 1795 musste Spanien Hispaniola an Frankreich abtreten, Spaniens Kolumbus aber sollten die Franzosen nicht bekommen. Also beförderte man seine vermeintlichen Gebeine nach La Habana. Da die Kolonie Kuba 1898 ebenfalls verloren war, segelten seine sterblichen Reste zurück nach Sevilla. Waren es seine? Oder hatte man in aller Eile die seines Sohnes Diego genommen? 1877 fanden Bauarbeiter in der Kathedrale von Santo Domingo nämlich eine Urne mit der Aufschrift: »Yllustrey Esdo. Varon Dn. Cristovyl Colon«. Vielleicht wurden die Gebeine von Vater und Sohn auch vermischt?

Rätsel über Rätsel, und nun will man sie endlich lösen. Wo er begraben ist, ob die Brüder von derselben Mutter, Margalida Colom aus Terra Rubra bei Felanitx, jedoch von verschiedenen Vätern abstammen, ob wirklich der Prinz von Viana der Vater des Entdeckers war und dieser auf Mallorca geboren wurde, all das will ein Forscherteam von Genetikern, Biologen, Gerichtsmedizinern und Historikern in Granada durch Genanalysen nun herausfinden. Gewebeproben werden auch dem Verantwortlichen für biologische Forschungen des FBI überlassen werden, weitere gehen zur Auswertung nach Leipzig. Genetiker José Antonio Lorente findet die mallorquinische These faszinierend, »wohl, weil ich es mir so wünschen würde«, wie er sagt. Gabriel Verd hat seine Unterstützung für das Projekt angeboten und die pikierten Genuesen haben die Andalusier schon jetzt schriftlich aufgefordert, bei der Auswertung nach streng wissenschaftlichen Kriterien vorzugehen.

Werden die Geschichtsbücher der Welt in den nächsten Jahren umgeschrieben werden müssen? Wenn nicht, wird Genua vielleicht verlauten lassen, dass man ja gleich gesagt habe: Se non e vero e ben trovato, wenn es also nicht stimmt, dann ist es wenigstens gut erfunden.

Von Santueri hat man sowieso eine der großartigsten Fernsichten Mallorcas. Das behäbige Landstädtchen Felanitx mit seiner überdimensionierten Kirche kann darauf verweisen, einen vorzüglichen Wein zu produzieren und im Übrigen Geburtsort eines der größten Baumeister der Mittelmeergotik zu sein: Guillem Sagrera. Er baute die berühmte Handelsbörse Sa Llotja und auch das Castel Nuovo in Neapel, er war Kirchenbaumeister in Perpignan und wirkte am berühmten Südportal der Kathedrale von Palma mit. Aus Felanitx stammen der mehrfache Radweltmeister Guillem Timoner und Miquel Barceló, einer der international höchstdotierten Künstler unserer Zeit. Er wird die Petruskapelle der Kathedrale von Palma umgestalten, eine Ehre, die einem zeitgenössischen Künstler bisher nur einmal, vor hundert Jahren, zuteil wurde – Antoni Gaudí. Und in Portocolom werden die Fischerboote sowieso selbstbewusst in die Bucht rauschen, denn ihr Hafen ist schon seit dem 13. Jahrhundert als Portocolom dokumentiert, lange vor Kolumbus' Geburt – ganz gleich, wo die stattgefunden hat.

Verzauberte Orte

Miramar, Ramon Llull, der Erzherzog und die Nixe

Es war Liebe auf den ersten Blick. Und die kaufte er. »Ich feilsche nicht lange«, hatte er gesagt. »Nennen Sie mir einen vernünftigen Preis und meine Antwort wird ja oder nein sein.« So, schreibt der Erzherzog, gelangte Miramar in seinen Besitz. Und er schwärmt: »Diese Version doppelter Bläue an Himmel und Meer mit grenzenlosem Horizonte, diese Bläue, die Tag auf Tag folgt, als wäre sie die unabwendbare Regel; ein Tag so klar wie sein Vorgänger, und sein Nachfolger wirkt so wunderbar, dass man glaubt, es können nie mehr Wolken auftreten und auch diese ewige Bläue werde ewig andauern.« Der Weg durch die Serra de Tramuntana nach Miramar ist fast schon das Ziel. Opuntien, Kiefern und knorrige verknotete Ölbäume, saubere Trockenmauern und Terrassenkulturen – ein expressionistisches Gemälde, das im Frühjahr noch die Goldtuffs aus Ginster und die kahlen Geistergestalten der Feigenbäume rahmen. Möwen kreischen und inmitten dieser »doppelten Bläue« schläft ein Wal oder ein Elefant oder ein Drache, was immer die Fantasie in dieses von gewaltigen Naturkräften gemeißelte Gebilde hineindenken will: Sa Foradada, eine bizarre Felsnase mit einer achtzehn Meter weiten Öffnung, über Jahrtausende Wind und Wellen ausgeliefert, die Wächterin der Nordküste vor einer geheimnisvollen Stätte: Miramar.

In jedem noch so kleinen Dorf Mallorcas sind Straßen nach den zwei Persönlichkeiten benannt, die dieses Miramar prägten: Ramon Llull (ca. 1229–1315) und Erzherzog Ludwig Salvator von Habsburg-Lothringen-Toskana (1847–1915), s'Arxiduc, wie er hier einfach hieß, ein Mythos alle beide, einander seelenverwandte Männer, die im Abstand von über einem halben Jahrtausend Miramar ihre Seele einhauchten. Ruhelos durchstreiften beide die Welt, schrieben unzählige Werke, ruhelos forschte ihr nimmermüder Geist, trieb sie die Suche der Liebe – zu Gott, zur Schönheit, zum Menschen.

Der um 1229 in Palma geborene Llull, eine der schillerndsten Persönlichkeiten des Mittelalters, war Seneschall, ein hoher Beamter, und Erzieher am Hofe der mallorquinischen Könige, den Freuden und den Frauen zugetan, bis er eines Tages beim Verfassen eines Liebesgedichts an eine Frau, nicht die eigene, viermal hintereinander eine Kreuzesvision hatte, »eine schrecklicher als die andere«. Er verlässt Weib und Kind, nicht ohne vorher seinen gesamten Besitz zu verkaufen, um sie angemessen versorgt zu sehen, und geht fortan seinen eigenen Weg: Er will eine Wissenschaft (»Ars«) schaffen, durch die allen Ungläubigen die christliche Wahrheit aufgrund zwingender Verstandesgründe gezeigt werden kann, und diese Ars sollte immerhin das »beste Buch der Welt« werden; er will Sarazenen und Juden durch Logik zum Christentum bekehren und schließlich Papst und Könige überzeugen, Studienklöster für orientalische Sprachen zu gründen, um sprachkundige Missionare für Dialoge und Religionsdisputationen mit Ungläubigen aussenden zu können.

Auf dem Berg Randa hat Ramon dann die Eingebung zum ersten Computer der Welt samt Hardware und Software bekommen. Seine 1275 konstruierte »Hardware« bestand aus drei runden drehbaren Scheiben abnehmender Größe mit gleichmäßig angeordneten neun Buchstabencodes, die für Begriffe und Sätze stehen; die »Software« bilden Bedeutungstabellen, Dreiecke oder Kolumnen. Durch die Kombination der Buchstaben auf den Scheiben mit der Sinngebung dieser Buchstaben durch die Tabellen können zahllose Fragen zum Verhältnis von Gott und Welt gestellt – und beantwortet werden. Die Strukturmodelle wurden in der siebziger Jahren des 20. Jahrhunderts in die Computersprachen Cobol und Assembler übertragen – und die Programme funktionieren! Die Llull'sche Kombinatorik hat schon Leibnitz fasziniert, der die erste Rechenmaschine mit Staffelwalzen erfand, und ebenso Stéphane Mallarmé: Er konzipierte als seine letzte Dichtung »Le Livre«, ein Urbuch in mathematischer Sprache – die Anwendung der sprachlichen »Ars combinatoria« beim lyrischen Kalkül. »Heute ist aus dem arithmetisierten Lullus-Traum eine ganze Denkindustrie geworden, mit Geschwindigkeit als Hexerei«, schreibt Ernst Bloch im »Prinzip Hoffnung« und weiteren Arbeiten.

Ramon jedenfalls vermochte nun ohne jede Präsenzbibliothek, mit lediglich seinem Denkapparat im Gepäck, immer und überall Rede und Antwort zu stehen, und dies tat er nach Kräften. Er hielt Vorlesungen in Montpellier und Paris, und der stets mögliche Zugriff auf das »Wissen der Welt« erklärt auch einen Teil seiner gewaltigen literarischen Produktivität, allein 265 authentische Schriften sind katalogisiert. Ramon packte beherzt seine anderen beiden Ziele an: Päpste und Könige für die Gründung von Studienklöstern für orientalische Sprachen zu gewinnen und schließlich selbst zu missionieren. Vierzig Jahre lang bereist er den Mittelmeerraum, ist er in Nordafrika, Zypern und Kleinasien unterwegs, wird bedroht und malträtiert, hat Seelenkrisen und bekennt sich dazu, wird schiffbrüchig und rettet sich, ein 76-jähriger Greis, ans Ufer, schreibt, hält Vorlesungen, beschwört Päpste und Könige. Ramon hatte Erfolg; sein Freund und Gönner König Jaume II. stimmte 1276 der Gründung eines Studienklosters für orientalische Sprachen in Miramar zu. Dreizehn Franziskaner des Dritten Ordens zogen unter Llulls Führung in Miramar ein. Llull lehrte sie Arabisch und seine »Ars Magna« und zog sich hin und wieder für längere Zeit zur Kontemplation in eine nahe gelegene Höhle zurück. 1281 konnte er die Ausbildung bereits in andere Hände übergeben und wieder rastlos umherreisen.

Von Päpsten und Königen handelt auch Llulls Meisterwerk »Blanquerna«, ein um 1285 geschriebener utopischer Roman in fünf Büchern mit autobiografischen Elementen. Der junge Blanquerna flieht die Welt, geht in ein Kloster, wird Abt, Bischof und schließlich zum Papst gewählt, schafft es, mit der Macht des Wortes, Sarazenen und Juden zu bekehren, verzichtet schließlich auf die Papstwürde, um erneut kontemplativer Einsiedler auf »einem Berg in der Nähe Roms« zu werden. Gemeint ist Miramar.

Zweihundert Jahre später wurde in Miramar,

nur 32 Jahre nach Gutenberg, eine der ersten Buchdruckereien der Welt eingerichtet. Dann geriet das Anwesen in Vergessenheit und verfiel. »Ich habe Miramar gekauft«, schrieb Erzherzog Ludwig Salvator etwa sechshundert Jahre später an seine Mutter, »um hier den Kult der einsamen Trinitätskapelle wieder aufleben zu lassen.« Als Grundthese seiner Argumentation setzte Llull die innertrinitarische Dynamik in der göttlichen Natur voraus. Der Trinität und »Blanquerna« hat s'Arxiduc in Miramar verrätselte Stätten gewidmet. Vorbei an den Mauern und Mäuerchen des Anwesens, an hochbetagten Zypressen, an Andeutungen des byzantinischen Kreuzes als Basis der alten Kapelle, an braunsilbrigen Distelblüten und an dreißig Zinnen, die eine Mauer krönen – für dreißig Silberlinge wurde Judas zum Verräter –, gelangt man an zwölf kleine Brücken; sie symbolisieren die zwölf Apostel und ihre Quelle Jesus Christus. Ganz in der Nähe ist ein von Pinien und Steineichen beschatteter Platz, Efeu umschlingt eine Mauer, hangelt sich hinunter zu einem Renaissancefenster. Dieses hat der Erzherzog aus Can Burgués, wo sein Vorfahr Kaiser Karl V. nach seinem missglückten Algier-Feldzug eine Nacht verbrachte, hierher schaffen lassen. Aus dem Fenster fließt Wasser, Sinnbild himmlischer Macht, in einen Teich italienischen Stils. Er ist als Dreieck angelegt, zwei seiner Seiten bekrönen jeweils drei weiße Vasen. Die eine Seite versinnbildlicht die weltliche, die andere die geistliche Macht, Kaiser und Papst – eine Hommage des Arxiduc an Llulls »Blanquerna« –, und die gedachte Mittellinie führt direkt zu einem Oratorium als Symbol Gottes. Den Grundstein zu diesem Oratorium ließ der Erzherzog zum Andenken an Ramon Llull anlässlich des sechshundertsten Jahrestages der Gründung der Franziskanermission für orientalische Sprachen legen. »Als Grundstein diente ein Felsstück aus Bugie, wo der Selige, der dort predigte, gesteinigt wurde, und ein anderer aus San Francisco zur Erinnerung, dasz ein mallorquinischer Franciscaner, Juan Serra, die Weltstadt gründete«, schrieb Ludwig Salvator. Ein Teil des Oratoriums wurde 1975 von einem Blitz zerstört und bisher nicht wieder aufgebaut, ein surrealistisch bröckelnder Stumpf auf einem Felssporn. (Die Kapelle gehört heute zum Anwesen s'Estaca, im Besitz von Michael Douglas: ein Filmschauspieler aus Amerika – umgeben von Reminiszenzen des alten Europa.) Alles was auf Mallorca Rang und Namen hatte, war vom Erzherzog zu diesem Gedenktag geladen, Freunde, Kleriker, Schriftsteller der *renaixença*, der Renaissance der katalanisch-mallorquinischen Literatur, und, ein Herzenswunsch des Erzherzogs, seine Mutter Maria Antonietta, Großherzogin von Toskana. Längst hatte s'Arxiduc, verführt von der Schönheit der gesamten Nordküste, hier nacheinander mehrere, über etwa fünfzehn Kilometer zusammenhängende Grundbesitze gekauft, ließ sie im Laufe der Zeit herrichten, Wege anlegen, Bäume pflanzen und Aussichtspunkte gestalten. Son Marroig und Son Moragues standen honorigen Gästen zur Verfügung, wie seiner Cousine Kaiserin Elisabeth, Sisi; sie war dreimal auf Mallorca; andere fanden im nahen Son Gual und Son Galceran Unterkunft.

Auf seine ausdrückliche Anordnung sollten diese Besitztümer auch Touristen ab sechs Uhr morgens zugänglich sein, und so konnte es geschehen, dass ein Trupp ausländischer Besucher, sich beharrlich auf den Arxiduc berufend, auf einer Visite sämtlicher Räumlichkeiten der *possessió* bestand, auch des Schlafzimmers, in dem jedoch der zu Besuch weilende Nationaldichter Kataloniens, Jacinto Verdaguer, friedlich schlief. Verzweifelt ob der störrischen Touristen weckte der Diener schließlich den Dichter, der sprang auf, öffnete die Tür, hechtete wieder ins Bett und verkroch sich unter der Decke, wo er blieb, bis die Touristen den Schlafraum gebührend bewundert hatten.

Ein weiterer Besitz, s'Estaca, war unter der Leitung der engagierten Catalina Homar zu einem profitablen Weingut geworden, während er selbst sein Herz nach wie vor an Miramar verloren hatte. »Der Anblick ist zauberhaft«, schrieb er, »und mag man ihn auch noch so häufig genossen haben, immer wirkt er überraschend und neu in seiner harmonischen Schönheit.« Hierher zog er sich zurück, wenn er sich seinen zahlreichen Werken widmete, um dann wieder monatelang mit seiner Yacht zu reisen oder an einem seiner anderen Wohnsitze zu weilen – in Nizza, in Zindis (neben dem Militärhafen der österreichischen Flotte in Triest), in Alexandria. Dort verfügte er auch über Post- und Telegrafenverbindungen und konnte persönliche Kontakte pflegen, um, als Mittler zwischen Österreich und der Mittelmeerregion, Nachrichten mit dem kaiserlichen Hof in Wien auszutauschen.

»Der Erzherzog war alles andere als ein weltfremder Träumer oder Aussteiger, überhaupt keine verschrobene apolitische Person«, sagt José María Sevilla, Sprecher der Erben des Erzherzogs und

Hausherr in Miramar. »Er war sehr politisch und er war ein großer Pazifist.« Der in Florenz im Palazzo Pitti geborene Arxiduc hatte eine vorzügliche Ausbildung durch Professoren der Universitäten von Florenz und Prag genossen, war in Philosophie, Jurisprudenz, Politik, Botanik, Zoologie, Mineralogie, Mathematik und Kunst ausgebildet, sprach einschließlich Griechisch und Latein vierzehn Sprachen, darunter, später, *mallorquí*, war Ehrenmitglied vieler geografischer Gesellschaften, ein großer Statistiker, ein engagierter Wissenschaftler, der systematisch ein ambitiöses ethnografisch-anthropologisches Programm absolvierte. Auch für den Kaiserhof hatte er wissenschaftliche Daten über das Mittelmeergebiet zusammenzutragen; etliche seiner Yachtbesuche an fernen Gestaden und die daraus entstandenen Schriften, meint Sevilla, waren durchaus geostrategischer Natur, wie die Fahrten nach Helgoland, zu den griechischen Inseln, zur jugoslawischen Küste und nach Alexandria.

Unterdessen gingen die Aufbauarbeiten in Miramar unter der Aufsicht seiner Architekten und Verwalter weiter. Vieles war halb verfallen, wie Llulls Trinitätskapelle, und es wurde versucht, wenigstens einen Teil möglichst originalgetreu wieder herzurichten. Heute enthalten die Räumlichkeiten eine Ramon Llull gewidmete kleine Bibliothek, liebevoll zusammengestellte Originalteile samt Kajüte der Nixe II und die Marmorstatue zum Gedenken an Wladislaw Vyborny, den ersten Sekretär und Seelenfreund des Arxiduc. Wenn er mit seiner Yacht Nixe unterwegs war, gehörten Männer und Frauen, Hunde, Katzen, Papageien,

Affen und sonstiges Getier zu seinen ständigen Begleitern. Dies gab immer wieder Anlass zu den wildesten Spekulationen. War er wirklich der Mensch, der die einheimische Bevölkerung korrumpierte, wie Gabriel Janer Manila in seinem Roman »Die Nebeldame« meinte? Oder hat er, ganz im Gegenteil, patriarchalisch über sie gewacht? War er Frauen wie Männern in munterer Promiskuität verbunden, war die Nixe ein »schwimmender Harem«? »Er war voller Liebe«, sagt Sevilla, der sich seit mehr als vierzig Jahren intensiv mit dem Leben des Arxiduc befasst, »aber ganz anders als einige seiner völlig subjektiven Biografen sein facettenreiches Leben schildern.« Mit amour courtois könne man es vergleichen, höfischer Liebe, der unerreichbaren Liebe des Minnesängers, verpflanzt in die ländliche Welt Mallorcas, die diese Art der Liebe nicht kannte und wohl kaum verstand. Eros, sagt er und verweist auf Platons »Symposion«, sei ein Vermittler, ein Daimonion, zwischen Göttlichem und Menschlichem und gebe dem Menschen durch die Liebe zum Schönen die Möglichkeit, an der Unsterblichkeit der Götter teilzuhaben: Von der Liebe zum schönen menschlichen Körper und der Unsterblichkeit durch die Fortpflanzung über die Liebe zur schönen Seele bis zur mystischen Erkenntnisschau des reinen Schönen. So müsse man auch seine Liebe zu den Frauen sehen, die keine Schönheiten gewesen seien, aber eine schöne Seele besessen hätten, und so auch die Liebe zu seinem Seelenfreund Vyborny. Der Arxiduc sei getrieben gewesen von dem Wunsch, durch Bewahrung des Schönen an der Unsterblichkeit teilzuhaben: durch seine Zeichnungen, durch sein Wort, durch seine Poesie. Über siebzig Bücher publizierte er im Laufe seines Lebens, allein sein neunbändiges Werk »Die Balearen in Wort und Schrift« brachte ihm zahlreiche Ehrungen ein; auf der Weltausstellung in Paris 1878 wurde ihm dafür eine Goldmedaille verliehen; er war Ehrenbürger Mallorcas und wurde 1909 zum Präsidenten von dessen Tourismusgesellschaft ernannt. Aus weltpolitischen Gründen musste er sich 1915 auf sein Schloss Brandeis im grauen kalten Böhmen zurückziehen, wo er auch starb; in der Kapuzinergruft in Wien ist er bestattet.

Ramon Llull erlag angeblich den Folgen einer Steinigung durch aufgebrachte Muslime, auf der Rückkehr von Bugia nach Palma. Hier ruht er in einer Seitenkapelle der Kirche Sant Francesc. Vor dem Bau dieser Kirche gab es in Palma bereits ein erstes Franziskanerkloster, in dem schon Llull einherwandelte. Einen Teil dessen Kreuzgangs hat der Arxiduc ebenfalls in Miramar aufstellen lassen.